페미니스트도

결혼하나요?

지금의 성차별 문제를 가부장제로 설명하는 건 낡은 분석이라는 주장이 있다. 맞다. 당연히 '가부장제'라는 말로는 성차별 구조를 분석하는 데 충분하지 않다. 하지만 충분하지 않다고 해서 낡은 것도, 부족한 것도 아니다. 가장 오래 살아남은 억압의 양식과 싸우려면 우리 역시 유연하고 동시에 단단해져야 한다. 각자 선 자리에서 작은 승리와 변화를 축적해야 한다. 이 책의 저자들처럼 말이다.

이 책은 결혼해서 애 낳고 사는 여자들이 가부장제의 내부에서 전선을 만들어간 일상을 기록한다. 기혼유자녀여성들이 페미니스트가 되어 가부장제를 '드디어' 낡은 것으로 만들어내는 역사적 장면이라 할 만하다.

_권김현영(여성학자)

다시 태어나도 결혼하고 애 낳겠느냐는 질문을 받았다. 도리질 쳤다. 아이가 싫기보다 육아가 힘들었고, 살림이 아니라 소외된 노동이 괴로웠다. 그 일상의 굴레를 풀어낼 방법도 몰랐고 동료도 없었다. 그런데 〈페미니스트도 결혼하나요?〉를 미리 읽었더라면 답변이 달라지지 않았을까 싶다.

이 책의 필자들은 막힌 삶에 출구를 낸다. '그림자노동 목록'을 작성하고 '주부 월차제'를 도입해 자기 내면의 공간을 확보한다. 타인이라는 지옥을 포기하지 않고 동등한 반려관계를 도모한다. 무엇보다 인내, 헌신, 자애 같은 '엄마의 인성' 함양이 아니라 한 존재의 자유, 욕망, 권리라는 '엄마의 인권' 향상을 위해 싸운다는 점에서 앞서간다.

이 책을 읽고 나면 알게 된다. 더 나은 엄마가 되는 것과 더 나은 자신이 되는 일이 다르지 않음을. "가부장제의 '고인 물'이 되지 않고 자식들에게 더 나은 세상을 물려주기 위한" 엄마들의 분투는 가부장제로 인한 존재의 '눈물'을 닦아줄 것이다.

_은유(작가)

가부장제의 최전선에서

결혼한 여성을 위한 페미니즘을 찾아서

결혼 후에 페미니스트가 되었습니다. '여자니까' '엄마니까' '아내니까' '며느리니까' 감당하고 참아야 하는 일들이 관습과 통념이라는 대의에 의해 일상적으로 일어나더군요. 화목하고 평화로운 가족을 유지하기 위해서는 여성의 인내, 희생, 양보, 그리고 침묵이 필요했습니다. 특히 출산과 육아를 경험하면서 제가 '여성'이라는 사실을 그 어느 때보다 절실하게 실감했습니다. 결혼은 해피 '엔딩'이 아니라 전혀 새로운 삶의 '시작'이었고, 임신과 출산이라는 신체의 지각 변동과 더불어 모든 것이 달라졌습니다.

한국사회에는 기혼여성에 대한 차별과 혐오의 장벽이 높고 견고합니다. 기혼여성은 '취집녀', '경력단절여성', 제3의 성이라 불리는 '아줌마', 도로 위의 폭탄 '김여사', 남편이 고생해서 벌어다 주는 돈으로 편하게 커피나 마시는 '맘충'입니다. 결혼과 출산이 '무능'과 '혐오'로 이어진다는 사실에 허무함을 느낄 때, 한 사람으로서의 '나'를 돌볼 수 있는 힘을 준 것이 페미니즘이었습니다.

페미니즘을 공부하면서 많은 사람들을 만났습니다. 차별로 가득한 현실을 직시하며 슬프기도 했지만, 새로운 세상에 눈을 뜨는 것이 유익하고 통쾌하고 즐거웠습니다. 여성주의 언어를 통해 제가 느끼는 불합리와 분노에 대해 설명할 수 있었고 해방감을 느꼈지요. 그러나 다른 측면에서 풀리지 않는 답답함을 마주해야 했습니다.

"페미니스트는 결혼도 안 하고 애도 안 낳죠?"

비혼, 비출산을 외치는 젊은 페미니스트들이 주목받으면서 자연스럽게 생긴 질문입니다. 결혼 이후 여성의 삶은 복잡하고 다양해서 단편적으로 말하기 어려운데도, 일부 페미니스트들은 "그러니까 비혼, 비출산이 답이야"라고 결론지은 듯합니다. 결혼한 여성들을 기존의 남성중심 질서를 견고히 하는 '가부장제의 부역자(혹은 배신자)'라고 비난하거나, 남자아이들을 가리켜 '한남유충'이라고 부르기도 했습니다. 아들을 키우는 입장에서 마음이 불편했지만 반박하기 어려웠습니다. 가족을 사랑하는 마음이나 육아고민은 꾹꾹 눌러두고, '나'의 성장에만 집중해야 페미니스트답게 보이는 것 같았습니다.

비혼, 비출산 얘기가 나온 배경을 이해합니다. 그 뜻을 존중하고 지지합니다. 그러나 이미 결혼했고 아이를 낳은 제게 해당되는 얘기는 아니었습니다. 그런 말들로는 제 안에 쌓인 갈증을 온전히 풀 수 없었습니다. 과거로 돌아갈 수도 없고, 결혼과 출산을 후회하기 위해 페미니즘을 공부하는 것도 아니었으니까요. 비혼과 비출산은 더 나은 길을 찾는 제게 공허하고 실속 없는 말이었습니다.

페미니즘은 우리 사회 곳곳에서 여성들의 목소리를 끌어냈지만, 어쩐지 결혼한 여성들의 목소리는 여전히 잘 들리지 않습니다. '여성의 말하기'는 낯익은데 '엄마의 말하기, 아내의 말하기'는 어색하기만 합니다. 결혼하고 아이를 키우면서 얼마나 고통스러운지 이야기하면 이상하고 유별난 여자가 되고, 얼마나 행복한지 이야기하면 부역자나 배신자가 됩니다. 결혼한 여성은 그렇게 스스로를 검열하면서 점점 더 목소리를 잃어갑니다.

결혼한 여성들을 향해 '가부장제의 부역자'라고 비판하는 말을 냉정하게 들여다보면 인정해야 할 부분도 있습니다. 엄마, 아내, 며느리 노릇을 하며 성역할을 재생산하고 강화하니까요. 착취당하는 줄 알면서도, 억압인 줄 알면서도 벗어나지 못하니 스스로도 정말 괴로운 일입니다. 벗을 수 없는 굴레를 쓰고 있다는 것은 슬픈 일입니다. 혁명을 원하지만 현실은 녹록지 않기에 적당히 타협하기도 합니다.

그러나 한 번 더 생각해보면, 가부장제 안에서 싸우는 것은 밖에서 싸우는 것보다 훨씬 더 어려운 일이기도 합니다. 결혼제도 안에서 '엄마, 아내, 며느리, 딸'의 역할을 수행하며 발버둥 치는 삶을 상상해보세요. 싸우는 대상이 가족들입니다. 친밀한 사이에서 빚어지는 갈등은 더 깊은 상처를 남깁니다.

결혼하고 출산한 여성들이 페미니즘을 실천하기란 정말 어렵습니다. 수십 년을 뭐가 문제인 줄도 모르고 당연한 듯 살아왔는데 한순간 사고의 전환이 이뤄지지 않을뿐더러, 문제를 발견했다고 해도 불평등을 해결하는 데는 많은 에너지가 필요하니까요. 참고 눈감으면 평화로운 하루가 찾아오고, 이의를 제기하는 순간 시끄러워집니다. 침묵

할 것이냐, 싸울 것이냐. 매일이 도전입니다. 결혼한 여성들의 저항이 사소해 보일지 모르겠지만, 관습과 기대치에 반문하는 것만으로도 삶이 크게 흔들리기에 특별한 용기와 각오가 필요합니다.

우리는 가부장제의 최전선에서 싸우고 있습니다. 그렇기에 우리의 페미니즘은 모순과 혼란을 동반하고 있습니다. 모성신화를 비판하면서도 아이가 주는 사랑에 몸 둘 바를 모르고, 독립된 '나'만의 일을 찾겠다는 굳은 다짐은 어린이집에 늦게까지 남는 게 싫다는 아이의 한마디에 무너집니다. 페미니즘으로 아무리 정신 무장을 해도, 엄마 노릇에 대한 압박과 죄책감을 떨칠 묘책은 찾지 못했습니다. 가사 분담 문제를 논하다가도 장시간 노동에 녹초가 되는 남편이 불쌍하다고 눈물짓기도 합니다. 모호한 경계에서 흔들리고 분열되기를 반복합니다.

그럼에도 불구하고 변화를 기다리기보다 변화의 시작이 되고자 합니다. 치열하게 읽고, 쓰고, 고민하며 견고한 가부장제에 '아주 작은 균열'이라도 내보려 합니다. 가부장제의 '고인 물'이 되지 않기 위해, 아이들에게 잘못된 삶을 물려주지 않기 위해, 저항의 목소리를 내려 합니다.

아내와 엄마의 역할을 유지한 채 페미니스트가 되겠다는 것 자체가 누군가에게는 탐탁지 않은 투쟁이겠지요.

그러나 가부장제의 중심에 발 딛고 선 우리의 한계가 곧 희망이기도 합니다. 남편의 생각과 행동을 바꿔내고, 아이에게 성평등을 알려줄 수 있는 중요한 위치에 있으니까요. 혁명적인 변화를 이뤄낼 수는 없어도, 새로운 가능성을 상상하는 주체는 될 수 있습니다.

'나'의 경험을 '우리'의 경험으로

이 책의 저자들은 조금 특별한 방식으로 모였습니다. 작년 여름, 출판을 기획하면서 고민이 많았습니다. 요즘은 개인이 글을 공유하는 플랫폼이 많기 때문에 글을 잘 쓰는 분들을 찾아 함께했다면 책 만들기는 좀 더 수월했을 것입니다. 하지만 저는 조금 어려운 방식을 택했습니다. 문장력은 서투르더라도, 평범한 기혼여성들이 페미니즘을 만나면서 어떤 고민을 하고 어떻게 성장하는지 담아내고 싶었지요.

엄마로, 아내로, 며느리로, 딸로 살며 느낀 다양한 고민을 글로 소통하며 함께 페미니즘 공부하실 분 모집합니다.

'페미니즘과 글쓰기'에 관심 있는 분을 찾는다는 내용

을 SNS에 올렸습니다. 출판할 것이라는 단서는 달지 않았고, 불특정 다수를 향한 메시지였습니다. 자신의 시간과 비용을 쓰면서까지 페미니즘을 공부하고 싶다면 그만큼 절실한 무엇이 있다는 뜻이기에 그런 분들을 찾고 싶었습니다. 그렇게 출판에 대한 기대 없이, 페미니즘에 대한 순수한 관심으로만 참여 의사를 밝힌 엄마들이 모였습니다.

고립육아를 하며 답답함을 느끼는 엄마, 시가에 대해 할 말 많은 며느리, 남편보다 더 많이 벌면서도 가사와 육아까지 도맡은 직장인, 육아휴직 중인 전업주부, 아이를 키우며 할 수 있는 일을 찾다가 결국 회사를 차린 창업가 등 다양한 사람들이었습니다. 연령, 소득 수준, 가치관은 제각각이었지만, 결혼하고 출산한 여성으로 살면서 '이건 좀 아닌데…'라고 느껴본 공통의 경험을 가졌습니다. 자신의 삶에 의문을 느꼈고, 조금이나마 나아지기 위해 페미니즘에서 답을 찾고자 했습니다.

책을 만들면서 알았습니다. 우리 사회에 결혼하고 출산한 평범한 여성들의 이야기가 왜 이토록 삭제되었는지, 이런 이야기가 세상에 나오는 것이 얼마나 어려운지를요. 할 일 많은 엄마들은 자신을 표현할 충분한 언어도, 시간도, 체력도 부족했습니다. 어린이집에 아이를 데리러 가야 해서, 아이가 갑자기 아파서, 부모님을 챙겨야 해서, 회사 프로젝트 마감이 있어서, 고된 일상에 몸 상태가 좋지 않아서, 글 한 줄 써내려가기가 쉽지 않았습니다.

그러나 연대와 소통은 우리에게 큰 힘이 되었습니다. 함께 페미니즘을 탐구하면서 '나'의 경험이 '우리'의 경험이었다는 사실을 발견했습니다. 결혼하고 출산한 여성들이 당면한 문제가 무엇인지 보이고 길이 보였습니다. 문제를 들여다보는 시간은 고통스러웠지만 '함께'라는 힘에 놀라고 글쓰기의 힘에 놀랐습니다. 그 힘은 삶의 변화로 이어졌습니다. 우리의 목소리를 찾는 동안, 결혼하고 출산한 이후의 삶을 조금은 더 입체적으로 이해할 수 있게 되었습니다. 기혼여성의 삶에 대한 새로운 관점을 갖게 되었고, 분노 이상으로 나아갈 수 있는 여유와 자신감도 생겼습니다.

업무분담각서를 쓰는 방법에서부터 주 양육자 바꾸기, 시어머니와의 연대, 애 낳은 엄마의 '엄마기' 선언, 집안에 나만의 공간 만들기, 결혼 방학, 주부를 위한 월차제도와 주5일 근무제까지. 자신의 곁을 조금씩 변화시켜 나가는 생기발랄한 이야기들을 담았습니다. 우리의 이야기들을 만난 많은 여성들(물론 남성들도)이 익숙한 일상에 질문을 시작하면 좋겠습니다. 서로 다른 환경에서 각자 고민하는 여성들이 더 많은 경험과 노하우를 들려주길 바랍니다. 침묵을 깬 여성들이 많아질수록 한국사회의 '엄마' '아내' '며느리'들이 좀 더 자유로워질 것이라 믿습니다.

결혼한 여자가 '나'로 살아간다는 것은 무엇인가?

막상 우리 이야기를 책으로 공유한다니 덜컥 겁이 납니다. 출간 이전에 책의 일부를 인터넷 신문에 연재하면서 많은 공격을 받았습니다. "페미는 이혼 사유다. 남편은 전생에 무슨 죄를 지었기에 페미니스트와 함께 사는 거냐" 이런 댓글도 있었습니다. "나도 엄마지만… 이해할 수 없다.""가부장제의 최전선 어쩌고 하는 책들은 '탈혼'이라는 해답이 아예 존재하지 않는 것처럼 못 박고 시작하니까, 남편이 허락하는 페미니즘 밖으로 절대 나가지 말라는 메시지를 전달하니까, 안티페미니즘 책보다 더 유해하다." 우리는 상처받고 흔들렸습니다. 우리가 잘못된 걸까? 우리가 쓴 글에 과연 의미가 있을까?

그럼에도, 우리처럼 질문을 품고 사는 누군가에게 손을 내미는 마음으로 책을 내놓습니다. "유별나다"는 말이 두려워 하고 싶은 말을 삼키고 있을 누군가에게 보내는 신호입니다. 이 책에는 권위자의 말이 없습니다. 모든 과정을 통과한 후에 들려주는 삶의 지혜도 없습니다. 정제된 언어와 통계, 지식으로 무장하고 설득하지도 않고요. 대단한 문장력을 지닌 작가도, 페미니즘에 대한 이해가 깊은 학자도 아니지만, 우리의 이야기가 당신의 삶에 가닿기를 바랍니다. 그리고 이 이야기가 끝이 아닌 시작이 되길, 각기 다른 삶의 조건 가운데서 이 책을 읽게 될 이들이 조금 더 자신을 보듬게 되길 기대해봅니다.

"결혼한 여자가 '나'로 살아간다는 것은 무엇인가?"

이 질문에 대한 답은 계속 변하겠지요. 하지만 적어도 우리가 말하는 페미니즘이 누군가(무언가)를 부정하고 후회하고 배제하는 것이 아니라, 너와 내가 더 잘 살고 서로를 더 선명하게 하기 위한 것임은 변치 않을 것입니다.

마지막으로 출판사에 고마운 마음을 전합니다. 특히 하고 싶은 말이 흘러넘치는 엄마들을 한 방향으로 이끌어주신 편집자 하늘이 없었다면 결실을 맺지 못했을 책입니다. 저희가 풀지 못하는 문제는 기승전 편집자로 해결했습니다. 인내심을 갖고 함께해주셔서 감사합니다.

2019년 2월
필자들을 대신하여
이성경 씀

01

김지영 씨, 잘 지내나요?*

정현주

일복 많은 생계부양형 직장맘.
하루를 꽉 채우는 '해야 할 일'들 사이에
'하고 싶은 일'을 어떻게든 껴 넣는 것이 목표.

※ 『시사인』 제476호 〈김지영 씨, 잘 지내나요〉에서 빌려온 제목임을 밝힌다.

서른다섯 먹은 내 친구들이 각자의 집에서
아이들을 재우느라 컴컴한 방에 누워있는 상상을
해보았다. 그 친구들과 접속할 수 있는 방법은
뭘까? 맘카페 자유게시판 말고 어딜 가야 우리의
이야기를 들을 수 있을까?

내 친구들은 어디서 뭐하고 있을까

'인류가 시작된 이래로 모든 여성이 이런 식으로 아기를 낳고 키워왔단 말인가….'

출산 직후 당혹스러움과 허망함과 약간의 배신감이 뒤섞인 채, 나는 여성의 삶에 대해 마구 질문을 쏟아내고 있었다. 연년생으로 세 아이를 낳아 기른 친정 엄마에게, 먼저 육아를 시작한 친구들에게 '내 앞에 펼쳐진 이 현실이 도대체 무엇인지' 물었으나, 다들 생각할 틈도 없이 당면한 삶을 살아내느라 정신이 없었다. '다 그렇게 산다' 혹은 '시간이 지나면 나아질 거다'라며 위로할 뿐이었다.

콕 집어 말할 수는 없었지만 새로운 세계가 열린 것이

분명했다. 임신을 하고 출산을 온몸으로 겪어내면서 내 몸의 역사가 완전히 다시 쓰였다. 신체뿐만 아니라 존재 자체가 바뀌는 강렬한 경험이었다. 현대 의학이 눈부시게 발전하고 오만 가지 육아용품이 출시되었건만, 출산과 육아는 여전히 원시적인 일로서 시간이 해결해줄 때까지 아픔을 참고 힘겨움을 견뎌야 했다.

이상했다. 여자들은 왜 이런 고통스런 일을 무수히 반복하며 인류를 존속시켜 왔을까? 왜 이런 역할을 자처해온 것일까? 여자라면 누구나 겪는 일을 단지 내가 받아들이지 못하는 걸까?

아기의 등장은 결혼생활에도 지각 변동을 일으켰다. 나와 남편에게 엄마와 아빠라는 이름이 추가되었을 뿐인데 심리적인 중압감과 해야 할 일은 몇 배가 되었다. 부부 사이의 여백은 사라지고, 공간과 생활, 관계, 모든 것이 과도하게 밀착되어 사사건건 부딪혔다. 아이가 7개월이 되었을 무렵 생계부양자로서 다시 직장 생활을 시작한 나는, 일과 살림과 육아라는 아슬아슬한 저글링에 '개인 시간'이라는 공 하나를 더 집어넣고는 남편과 함께 고군분투하고 있었다. 백지장도 맞들면 낫다? 아니다. 종이는 찢어지고 구겨진다. 나는 구겨진 종이를 남편에게 집어던지고는 새로운 종이를 다시 내밀었다. 될 때까지 하는 거지. 이건 내 일이 아니고 우리의 일이니까!

계속된 악다구니와 허우적거림 속에서도 아기는 무럭무럭 자랐다. 그렇게 돌이 지나고 2016년을 앞둔 어느 날, 홍대 앞에서 일정을 마치고 지하철역으로 가는 길에 문득 옛 친구들이 떠올랐다.

'교복 입고 홍대 앞을 활보하던 학창시절 내 친구들은 지금 어디서 뭐하고 있을까? 밤 아홉 시면 아이들 재울 시간인데….'

나는 서른다섯 먹은 내 친구들이 각자의 집에서 아이들을 재우느라 컴컴한 방에 누워있는 상상을 해보았다. 그 친구들과 접속할 수 있는 방법은 뭘까? 맘카페 자유게시판 말고 어딜 가야 우리의 이야기를 들을 수 있을까? 나는 아무도 귀 기울이지 않는 서른다섯 우리의 이야기를 수집해보고 싶었다. 내친김에 한 친구에게 2016년이 되면 웹진을 만들어 82년생 친구들을 인터뷰해보자고 제안했다. 물론, 금세 잊고 말았지만.

기어코 당도한 엄마라는 삶

그렇게 잊힌 에피소드가 2016년 겨울, 한 주간지에 실린

『82년생 김지영』에 관한 기사를 보고 불현듯 되살아났다. '아, 저거 나도 생각했던 건데!' 그날로 서점에 가서 책을 샀고, 그렇게 '김지영'을 만났다.

주인공 지영과 나는 공통점이 꽤 많았다. 우선 나이가 같았고, 나 역시 지영만큼이나 흔한 현주라는 이름을 가졌다. 위로 언니, 밑으로 남동생이 있다. 결혼을 해서 딸을 낳았다. 그리고 결혼생활과 육아를 무척 힘겨워했다. 우리는 같은 시대에 태어나 엇비슷하게 인생의 변곡점을 통과하는 중이었다. 처음엔 지영의 이야기가 그렇게까지 유명해질 줄 몰랐다. 출간되자마자 책을 샀고 단숨에 빠져들어 읽었지만, 책장을 덮을 때는 마음 한구석이 씁쓸하고 불편했다. 오히려 나중에 그 책이 주목받으며 회자되기 시작하자 당황스러웠다.

『82년생 김지영』을 둘러싼 담론, 그리고 페미니즘 운동의 사회문화적 확산으로 인해 일어나는 현상들을 나는 줄곧 곁눈질하고 있었다. 그러다가 동네 독서 모임에서 이 책을 선정하면서 다시 한 번 찬찬히 지영의 삶을 들여다보게 되었다.

"죽을 만큼 아프면서 아이를 낳았고, 내 생활도, 일도, 꿈도, 내 인생, 나 자신을 전부 포기하고 아이를 키웠어. 그랬더니 벌레가 됐어. 난 이제 어떻게 해야 돼?"

_조남주, 『82년생 김지영』, 165쪽

지영의 이 절절한 외침은 끝끝내 내가 외치고 싶지 않던 바로 그것이었다. 어떻게 보면 나는 그녀처럼 되지 않기 위해 이토록 발버둥 치는 것인지도 모르겠다는 생각이 들었다. 지영을 이렇게 그려낸 작가의 의도를 이해하면서도 원망했다. 그녀의 삶에 진저리가 났다.

항변하고 싶었던 것도 같다. 난 지영과 다르다고. 그녀와는 다른 선택을 했다고. 모두가 다 저렇게 사는 건 아니라고. 그것을 지영 '개인'의 이야기로 치부하고 싶었던 것 같다. 하지만 지영이 저렇게 된 것은 그녀의 잘못이 아니었다. 비록 우리 삶의 구체적인 모습은 달랐지만, '결혼과 출산'이라는 공통분모가 만들어낸 비슷한 풍경이 있었다. 그보다 앞서 '여성'이라는 굴레 안에서 형성된 비슷한 이야기가 있었다. 여자로 태어나 딸, 여학생, 여직원, 여자친구를 거쳐 아내, 며느리, 엄마가 되는 삶. 우리는 기어코 '엄마'라는 삶에 당도하고야 말았다. 우리를 기다리고 있는 것이 무엇인지도 모른 채.

나는 지영을 두 번째 만났을 때에야 비로소 내 삶을 있는 그대로 들여다볼 용기를 갖게 되었다. 여자로, 아내로,

엄마로, 내가 겪고 느끼는 것을 검열하지 않고 일단 받아들이고 표현하는 것. 감정적이고 논리도 없고 일관성도 없고 너무나 식상한 언어의 나열뿐일지라도, 일단은 그렇게 시작해야 했다.

여성이라는 굴레

나는 여중, 여고를 나왔다. 남학생들과는 특별히 교류가 없었으므로 10대 시절 내 삶을 또래 남성과 비교해보기는 어려울 것 같다. 대학 입시를 목표로 꿈을 꾸었다가 좌절했다가 노력했다가 실패했다가 하는 평범한 나날의 연속이었다.

남녀 공학인 대학에 들어가서 처음으로 문화 충격을 받았다. 신입생 오리엔테이션을 하는 날, 나는 이곳이 사람을 사귀는 곳이 아니라 이성을 사귀는 곳임을 깨달았다. 각자의 이름은 사라지고 여성과 남성으로만 존재하는 희한한 세상.

예쁘고 사교적인 여학생들은 남자 선배들의 스포트라이트를 받았고, 남학생들은 사방에 추파를 던지며 시선 끌기에 바빴다. 이도 저도 아닌 나는 넋을 놓고 그 광경을 쳐다보느라 바빴다.

그러나 어디에든 사각지대는 있다. 분주한 눈빛 교환에 참여하지 않는다 해도 나 역시 그들에게 '여성'이었다. 취기가 오른 틈을 타 익명의 손들이 허락 없이 나의 몸에 접근했다. 술에 취해 몸을 가누지 못하는 나를 도와준다는, 친절을 가장한 범죄였다. 이상하게 정신만은 또렷했던 나는 그 촉감을 똑똑히 기억했으나 누구의 소행인지 알 수 없었다. 나에게는 오리엔테이션에 참석한 우리 과 남학생들이 전부 가해자 후보인 셈이었다. 열아홉, 나는 첫 학기를 다니는 둥 마는 둥 하다가 결국 자퇴를 했다.

학교 밖 사회라고 크게 다르진 않았다. 미성년자 시절엔 특별히 인식하지 않았던 나의 성^{性}이 스무 살이 넘어서부터는 가장 중요한 정체성이 된 것 같았다. 성인으로 대우받는 것과 여성으로 대우받는 것은 분명 달랐지만, 무엇이 어떻게 다른지 설명할 언어도 표현할 용기도 내게는 없었다. 그저 매 순간 '배울' 뿐이었다. '남자 사장은 여자 알바생을 저렇게 대하는구나.' '여성의 외모가 저들에겐 한낱 농담거리구나.' '때로는 내가 베푼 친절과 선행이 나를 더 위험하게 만드는구나.' 낯선 남자건 아는 남자건, 노숙인 남자건 외국인 남자건 그들은 나에게 다양한 가르침을 주었고, 나는 그것에 넌더리를 내면서도 한편으로 무력감에 점점 익숙해졌다.

20대 시절 나는 여성에게 흔히 기대되는 (외모, 표정, 말투, 태도, 생각 등에 대한) 암묵적인 압박을 느낄 때면 그것을 수행할 때 얻게 될 이득과 굴욕감을 저울질했고, 대체로 나쁜 것을 피하기 위해 좋은 것까지도 포기하는 쪽을 택했다. 애정과 관심에 목마르면서도 그것에 끌려다니게 될까 봐 목마름 자체에 익숙해지려고 노력했다. 초연하고 싶었지만 실은 내적 갈등이 심했다. '여성성'을 상품처럼 취급하는 남자들을 향해 분노하다가도, 집에 돌아오면 거울에 비친 내 모습을 그들의 시선으로 바라보며 못난 감정에 빠지기도 했다.

그리고 여성이라는 굴레의 정점을, 결혼을 하고 엄마가 된 이후 만나게 되었다. 사람들은 '~답다'라는 접사를, 당위를 뜻하는 '~다워야 한다'라는 의미로 사용한다. 그 앞에 붙을 수 있는 수많은 것들 중 가장 큰 포식력을 갖는 단어는 '여자'와 '엄마'다. "어디 여자가…" "엄마가 되어가지고…" 이 두 단어는 얼마나 강력한지 제아무리 똑똑하고 잘난 여성도 저 말을 갖다 붙이면 오직 여자 또는 엄마로만 환원된다. 그녀를 표현하는 다양한 말들을 모두 먹어치우는 것이다. 여자다움과 엄마다움. 도대체 이것은 누가 정하는 것인가? 누가 누구에게 강요하는 것인가?

김지영이 가지 않은 길

남편과는 연애를 짧게 한 편이다. 몇 번의 연애를 거쳐 그를 만났을 무렵, 나는 남성과 조금은 편안한 관계를 맺을 수 있는 상태였다. 내가 어떤 사람이고 연인관계에서 무엇을 원하는지 어느 정도 파악했고, 상대방이 원하는 여자친구의 이미지에 부응하려 하기보다는 있는 그대로의 나를 적절히 내보이며 관계를 조율할 줄도 알게 되었다. 자연스러운 모습을 서로 무리 없이 받아들이게 되자, 우리는 빠르게 결혼으로 나아갔다.

초기의 결혼생활은 연애의 연장이었다. 남편보다 내가 벌이가 좀 더 나았으나 곧 퇴사하여 신혼 겸 휴식을 누렸다. 적게 일하고 적게 벌어 소박하게 사는 것이 꿈이었기에 크게 걱정하지 않았다. 그 평화가 흔들리기 시작한 건 결혼한 지 일 년이 지나 아이를 갖고부터였다. 당시 나는 파트타임으로 일하고 있었는데 계획하지 않은 임신으로 출산 시기에 맞춰 일을 그만두게 되었고, 공교롭게도 남편 역시 같은 달에 백수가 되었다. 나는 당분간 '일할 수 없는 몸'이 되었다는 것과, 몸을 회복할 때까지는 나와 아기를 돌봐줄 사람이 필요하다는 사실에 적잖이 당혹스러웠다.

출산과 함께 나의 몸과 마음은 격동의 시기를 맞이했

다. 동시에 먹고살 걱정이 스멀스멀 똬리를 틀었다. 막노동이라도 하겠다던 남편은 뭐 하나 결정하는 데 너무나 신중했고, 나는 살림살이를 하나씩 중고시장에 내다 팔면서 '여성이 바라는 배우자의 조건에서 경제력이 왜 늘 1위인지' 통감했다. 남편은 시간적 여유가 있어 나를 도와주고 아기를 돌봤지만 돈은 벌지 못했다. 반대로 돈을 벌었으면 시간이 없어 나를 도와주지 못했을 것이다.

출산 후 6개월 동안 냉정하게 현실을 파악한 나는 남편보다 내가 일을 하는 편이 낫겠다고 결론을 내렸고, 다시 일을 시작했다. 실은 고민이 많았다. 우선 아이가 아직 어렸고, 아빠보다 엄마가 돌보는 편이 낫다는 생각에서 자유롭지 못했다. 또 내가 일을 시작하면 남편의 취업 의지가 수그러들까 봐 염려스러웠다. 재능은 없지만 살림에 더 신경 써야 한다는 부담감도 있었다. 육아 동지인 전업주부 엄마들을 만나고 싶은 마음도 있었다. 그러나 지금 내게 가장 필요한 것은 생계를 유지시켜줄 '월급'이었다.

이렇게 전업주부의 삶에서 이탈함으로써 나는 '82년생 김지영'과는 다른 길을 가게 되었다. 겉으로 보기에는 전혀 다른 선택이었고 나도 처음엔 그렇게 생각했지만, 자세히 보면 고민의 지점은 다를지언정 그녀의 고통과 나의 괴로움은 맞닿아 있었다. 남편과 역할을 나누어 오롯이 살림과 육아만 하는 삶이든, 출퇴근을 하며 살림과 육아를 떠안은 삶이든 각자 나름대로 힘겨웠다. 누군가의 삶과 비교할 수 없었다. 우리는 멀찍이서 모든 삶의 조건을 헤아리거나 경험할 수 있는 존재가 아니다. 내 삶의 한계를 끌어안고 그 속에서 좀 더 행복하고자 발버둥 칠 뿐이다.

모성애를 의심받을지언정

슈퍼우먼이 될 생각은 애당초 없었다. 아이는 어린이집에 다니기 시작했고, 남편은 직업을 바꾸기 위한 과도기를 거쳐 프리랜서 강사로 조금씩 활동을 시작했다. 아이 등하원은 시간 사용이 비교적 자유로운 남편이 맡았고, 하원 후 놀이터에 데려가는 것도 그의 일과 중 하나였다. 나는 반찬을 주문하고 남편은 저녁상을 차렸다. 번갈아가며 아이를 씻기고 재웠다. 그러면서도 나는 종종 퇴근 후 영화를 보거나 친구를 만났다. 결혼을 하지 않은 친구는 "결혼하고 아기 키우는 친구들 중에 너처럼 자유로운 애는 처음 봤다"며 신기해했다.

얼핏 남편과 성공적인 가사 및 육아 분담을 이룬 듯 보이지만, 작은 일을 할 때에도 능력에 차이가 있기 마련이다. 그가 '했다'고 한 일이 나에게는 '안 한' 것처럼 보일 때가 있다는 말이다(설거지를 했는데 그릇 겉면에 양념이 묻어있다든지, 청소를 했는데 문 뒤에 먼지와 머리카락이 그대로 남아있다든지, 음식물 쓰레기를 버리러 나가면서 바닥에 국물을 뚝뚝 흘려 놓는다든지, 식사 후 그릇은 치우면서 식탁은 닦지 않는다든지. 아, 물론 식탁 아래 바닥도). 남편은 자청하여 몇 가지 집안일을 도맡았고 나의 부탁을 잘 들어주기는 했지만, 여전히 살림도 육아도 내 쪽으로 쏠려있다고 느꼈다. 이것이 내 괴로움의 근원이었다.

구구절절 옮겨 적기도 민망한 투쟁이 시작되었다. 나는 남편과 손발을 맞춰가면서, 내 안에 스며있는 '아내, 엄마'라는 이미지와 반사적인 행동, 죄책감과도 싸워야 했다. 말처럼 쉽지는 않았다. 내게는 언제나 여러 개의 욕구가 공존했고, 그건 남편과 아이도 마찬가지였다. 욕구는 쉽게 합의되거나, 우선순위에 따라 가지런히 정렬되거나, 동시에 충족될 수 있는 것이 아니기에, 우리 세 식구는 계속 조율해야 했다. 나는 애매하게 굴거나 전부를 욕심내지 않고 그때그때 내가 가장 원하는 한 가지를 선택하려 애썼다. 이것이 내가 비련의 주인공이 되지 않고 남편과 아이를 악역으로 등장시키지 않는 방법이었다.

길을 걷다 보면 맞은편에서 오는 자전거를 만날 때가

있다. 어디로 피할지 뜸 들이다 타이밍을 놓치면 위험한 상황에 처할 수 있다. 이때 내가 먼저 과감하게 몸을 틀어 상대방에게 나의 진로를 알리면 그쪽에서도 방향을 잡기가 한결 수월해진다. 결혼생활과 육아도 마찬가지인 것 같다. 임신과 출산이라는 미지의 세계에 발을 들이며, 나도 남편도 생전 처음 겪는 일들 앞에서 당황하고 어찌할 바를 몰랐다. 그때 어영부영하다가는 '남들이 하는 대로' '관성의 법칙에 따라' 기존의 엄마아빠 모습을 답습하게 된다. 그러기 전에 비교적 빨리 나의 노선을 정했고, 다행히 남편은 그에 맞춰 자신의 포지션을 잘 찾아갔다.

　　노선이라고 해서 무슨 거창한 각오나 실천이 수반되는 건 아니었다. 나는 '어떤 아내 또는 엄마가 되어야겠다'는 생각을 하지 않았다. 그 역할이 나를 집어삼키지 않는 이상 '나'라는 사람과 조화를 이루는 선에서 감당하면 될 일이었다. 결혼하고 아이를 키운다고 해서 만나기 어려운 사람이 되지 않기로 했다. 가족을 유지하는 데 에너지를 다 쓰지 말고 가족 외의 인간관계도 소중히 가꾸고자 했다. 나의 관심사를 추구하고 개인 시간을 충분히 확보하려고 했다. 남편과 아이를 살피는 마음으로 나의 필요를 살피려고 애썼다. 탯줄을 자르는 순간 아이를 나와 독립된 존재로 여기고자 했다. 모성애를 의심받을지언정, 나를 지키고 싶었다.

알아야겠다, 괴로움의 이유를

선택의 여지가 없었다. 일단 의문을 품으면 그 이전으로는 되돌아갈 수 없다. 여성으로 산다는 것은 분명 어딘가 불편하고 불만족스러운 일이었고, 나는 그 이유를 알아야만 했다. 그러나 내가 느끼는 문제들이 '여성'이라는 데서 비롯된 것인지, '나'라는 개인의 특수성에서 기인한 것인지 자주 헷갈렸다. 문제의 원인을 더 선명하게 알고 싶었지만 나를 둘러싼 조건과 환경, 나의 기질과 성향, 인간관계 등은 수시로 변하며 시야를 굴절시켰다. 마치 영화 〈큐브〉에 나오는 정육면체의 방에 갇힌 기분이었다. 그 혼란스러움을 어떻게 표현해야 할지 좀처럼 말문이 뚫리지 않았다. 남들이 이해해주기를 바라는 건 둘째 치고 우선 나부터 분명하게 이해해야 했다. 그러자면 내 생각과 느낌을 표현할 도구가 간절히 필요했다.

나는 혼자 고민하는 대신 사람들을 만나야겠다고 생각했다. 내향적인 성격이라 여러 번 망설였지만, 무엇보다 답답하고 허기지고 쭈글쭈글해진 마음에 돌파구가 필요했다. 나는 그동안 참여했던 독서 모임을 정리하고 처음으로 '페미니즘'이라는 이름이 붙은 모임에 찾아갔다. 비혼여성, 중학생 아이를 키우는 여성, 나처럼 영유아 아이를 키우는 여성 등이 모여 페미니즘 관련 책을 읽고 발제를 하고 대화를 나누는 모임이었다. 그 모임의 첫 책은 『엄마됨을 후회함』 (오나 도니스, 반니, 2018)이었다.

다른 곳에서는 나눌 수 없었던 대화가 이곳에서는 가능하다는 사실만으로 해방감이 찾아왔다. 누구나 엄마가 될수 있지만 엄마로서의 내 경험은 나만의 고유한 것이며 충분히 가치 있다는 사실을 서로를 통해 배웠다. 한편으로는 기혼자로서 다른 사람들과 입장이 미세하게 다르다는 것도 알게 되었다. 싫든 좋든 내 앞에 펼쳐진 세계가 있었고, 그것은 하루하루 부딪히고 해결해나가야 할 나의 싸움이었다.

그 무렵 엄마들끼리 함께하는 페미니즘 책 모임을 우연히 알게 되었다. 엄마 페미니스트 모임, 부너미. 거기서 나와 비슷한 지점에 서있는 엄마들을 만나게 되었다. 우리는 매달 선정한 책을 한 권씩 읽으며 정해진 두 시간이 부족할 정도로 많은 이야기를 나누었다. 임신했다는 이유로 직장에서 겪은 부당한 일, 남편과의 가사 분담 문제, 아이들 양육 문제, 우리를 분노하게 하는 갖가지 성차별 이슈들, 알면 알수록 더 정교하게 다듬어야 할 우리의 언어들, 때론 더 깊게 파고들어야 할 문제들….

나는 부너미를 통해 여성으로서 보편적으로 공감하고 울분을 느끼는 지점을 찾아가는 한편, 나를 괴롭히는 어려운 문제들에도 한 걸음씩 다가갔다. 더불어 모임에서 내 목소리를 내기 시작했다(목소리가 작고 말수도 없어 모임에서 내 목소리 듣기가 쉽지 않다). 우리의 이야기가 서로에게 공명을 일으킬 때, 각기 다른 경험치가 시야를 확장시킬 때, 깨달은 바가 삶의 실천으로 이어질 때, 나는 이것이 우리의 페미니즘, 엄마들의 페미니즘이라고 느꼈다.

아직도 바뀌지 않은 무언가

결혼 7년차. 페미니즘 모임에 첫발을 들여놓고 부너미로 이어진 지난 2년간의 밀도 높은 시간은 나에게 다음과 같은 일상을 선사했다. 어김없이 새벽 다섯 시 알람이 울린다. 조조할인을 받고 버스에 오른다. 출근하기 전 학원 수업을 듣기 시작한 지 수개월이 되었다. 수업이 없는 날엔 최근 바빠진 남편을 대신해 아이 등원을 맡는다. 회사에 유연근무를 신청해 출근 시간을 조정했기에 가능한 일이다. 일주일에 두세 번은 퇴근 후 운동을 하고, 여전히 온오프라인 독서 모임을 이어간다. 또 관심 있는 강의를 듣고, 의미 있는 사회 활동에도 시간을 낸다. 아이는 어느덧 다섯 살이 되었다. 엄마와 보내는 시간이 길지는 않지만 그만큼 아빠와 동네 친

정현주

36

구들, 이웃 부모들과의 추억은 쌓여간다. 나는 집에 돌아와 저녁을 먹고, 집을 치우고, 아이와 시간을 보낸다. 아이를 씻기고 재우는 것은 내 몫이다.

누군가에겐 지극히 당연하고 평범한 이러한 일상을 구축하기 위해, 아니 쟁취하고 사수하기 위해, 그동안 얼마나 매달렸던가. 작년부터 내 삶의 황금 비율을 찾은 것처럼 만족감이 들기 시작했다. (노파심에 말하지만, 이 일상은 남편이나 아이를 희생시켜서 얻어낸 것이 아니다. 황금 비율은 내 일상의 배치와 에너지 분배를 뜻하기도 하지만, 가족 구성원끼리 치우침 없이 배려하고 양보할 수 있는 적절한 균형점을 의미하기도 한다.)

우리집에는 가부장이 없다. 나는 경제적·정서적으로 남편에게 의존하고 있지 않다. 그도 마찬가지다. 여전히 우리 가정의 주 수입은 내 월급이지만, 남편도 부지런히 자신의 영역에서 경제활동을 해나가고 있다. 우리는 서로에게 역할 수행을 기대하거나 강요하지 않는다. 우리 사이의 성역할 규범은 꽤 무너졌고 그만큼 나는 더 자유로워졌다.

그랬다. 그런 줄 알았다. 이 글을 쓰며 내 삶을 돌아보는 동안 '아, 그래도 많이 좋아졌어'라고 한순간 자족하는 마음이 들었는데…. 분명 맞지만, 또 분명 틀렸다. 처음 페미니즘을 만난 이후로 내 삶은 많이 바뀌었지만, 무언가는 '아직도' 바뀌지 않았으니까. 중심을 잃지 않으려 숨 한 번

크게 내쉬지 못하고 계속 긴장하고 있었는데, 삐끗하는 순
간 균형이 와르르 무너진 것 같았다. 다시 구렁텅이에 빠졌
다. 아니, 다시 제자리로 돌아왔다.

수없이 도돌이표를 지나고 나면

몇 달 전 어린이집에서 구피라는 물고기를 얻었다. 어항을
사서 구피 집을 만들어주고 딸아이와 매일 먹이를 주었다.
물을 제때 갈아주어야 하는데 어느 순간 신경을 쓰지 못한
것 같다. 한참 후 구피 한 마리가 바닥에 죽어있는 것을 발
견했다. 가장 약한 것이 가장 먼저 반응한다. 집에서는 어떨
까. 의식적인 노력을 무심코 멈추면 어느 순간 아내이자 엄
마인 내가 가장 많은 일을 떠안고 있는 걸 발견한다. 그 괴
로움은 제일 먼저 나를 찾아온다. 내가 제일 먼저 느낀다.
어느새 나는 그 짐을 견디다 못해 바닥으로 가라앉고 있는
아픈 구피가 된다.

　　실은 어떻게든 집안일을 나누려고 했고, 그게 가능하
다는 걸 알았고 또 자주 성공(?)했지만, 그 황금 비율은 길
어야 몇 주간 지속될 뿐이고 그냥 두면 자연스럽게 다시 내
몫이 되었다. 그러면 나는 각성을 하고 집안일(가사노동뿐

만 아니라 가정의 유지를 위한 모든 것)을 재편성한다. 한동안은 '다 이룬 것 같다!' 그러나 오래지 않아 다시 제자리로 돌아온다. 집안일은 나에게는 일상이었지만 남편에게는 아니다. 나는 집에 있으면 자동으로 집안일을 한다. 하지만 그는 집에 있으면서도 집안일을 깜박 잊곤 한다. 이러한 차이에서 조금도 나아가지 못했다. 절망스럽다.

신혼 때는 그를 단시간에 업그레이드시키고 싶어 잔소리, 읍소, 협박, 비난 등 갖은 방법을 써보았다. 그러나 이 무능한 '남자'라는 종족과 같이 살려면 어느 정도의 체념과 정신승리가 필요해 보였다. 때마침 한 유명 방송인이 이런 말을 했다. "남자를 개라고 생각하라." 뭘 못하면 개라서 그러려니, 뭘 잘하면 개가 기특하네, 그러라는 뜻인가. 나는 마음의 평화를 얻기 위해 속는 셈 치고 그 말을 실천에 옮겨보기로 했다.

그 무렵 우리집 '개'는 집안일엔 젬병이지만 늘 열의는 충만했고, 딴 건 몰라도 유아차 미는 일을 도맡아 하곤 했었다. 그날도 우리는 아기를 유아차에 태우고 외출을 했는데, '개'가 유아차를 힘차게 미는 모습을 뒤에서 보며 새삼 흐뭇한 마음이 들었다. '개가 나 대신 유아차를 밀다니 이 얼마나 기특한 일인가.' 이 방법이 효과가 있나 싶었던 것도 잠시, 내리막길 속도 조절에 실패한 '개'는 배수구 덮개를

피하지 못한 채 유아차를 앞으로 그대로 고꾸라뜨리고 말 았다. '이 개XX가!!!!'

　　나의 실험은 반나절도 안 되어 실패로 끝이 났지만 중 요한 교훈을 남겼다. 남자는 개가 아니다. 남편은 개일 수 없다. 그는 사람이고 성인이다. 그를 개로 보는 것은 나의 자존심에도 스크래치를 냈다. 내가 그에게 끌렸던 것은 성 숙함과 어른스러움 때문이었는데 그런 그를 개로 전락시키 다니…. 내가 가사 분담을 위해 그와 대화하고 협상하고 요 구하기 시작한 것은 그를 사람으로 인정했기 때문이고, 변 할 수 있다고 믿었기 때문이다. 시간이 흘러 그는 때때로 깜 짝 놀랄 만큼 손발이 맞는 공동 살림 파트너였다가, 다시 미 끄러지듯 '개'로 돌아갔다.

　　내가 그와 결혼한 이유는 그가 청소를 잘하고 요리를 잘하고 나 대신 집안일을 척척 해내는 사람이어서가 아니 었다. 그러나 막상 결혼을 하고 같은 공간에 살다 보니 그 능력은 매우 중요했다. 나는 나와 함께 사는 이 남자가 공동 생활 공간에 대한 감각, 책임감, 구체적인 관리 능력을 갖게 되길 바랐다. 그러나 언제까지 기다려야 할까? 수없이 도돌 이표를 지나고 나면 비슷한 짐을 지는 날이 올까? 인생에 일시정지 버튼이 있다면, 잠깐 눌러놓고 기다리고 싶다. 그 러나 야속하게도 시계는 멈추지 않고, 우리는 나이를 먹고,

집안일은 여전히 '엄마' 몫이다.

김지영 씨, 잘 지내나요?

남편과 카페에 마주 앉았다. 단둘이 카페에 온 건 정말 오랜만이었다. "우리 아내는 온건한 페미니스트야." 그는 종종 주변 사람들에게 이렇게 말하곤 했다. 나는 이러니저러니 꼬리표 붙이는 것을 좋아하지 않지만, 저 말 속에 나에 대한 인정과 지지와 자부심이 있는 것을 알기에 마음 한편에 고마움을 갖고 있었다. 남편 역시 관계에서 누군가를 대상화하거나 권력을 추구하지 않는다는 점에서 내가 보기에 '페미니스트'였다. 실은 우리는 꽤나 잘 맞는 한 쌍이었다. 그와 내가 '한집'에 살지 않았다면 분명 그랬을 것이다. 그날 나는 남편에게 말했다.

"당신과 같이 살고 싶지 않아."

그동안 졸혼, 휴혼, 해혼을 포함해 '결혼 이후'에 대해 종종 이야기를 나눠왔지만, 그날의 얘기는 건설적으로 결혼의 대안을 찾자는 게 아니었다. 그냥 '네가 싫다. 너랑 같이 사는 게 고달프다'는 말이었다. 그는 그 말에 당황했고 발끈했다. 원룸을 따로 얻고 싶다는 내게 부루퉁한 표정으로 이렇게 말했다.

"당신, 페미니즘 책 너무 많이 읽은 거 아냐?"

자, 이제 다시 한 번 이성을 부여잡고, 나의 황금 비율을 되찾기 위해 그와 또다시 길고 긴 대화를 이어가야 할까? 그리고 그 결심과 약속을 실천할 기회를 주어야 할까? 계속 노력, 노오력, 노오오력(실은 항상 내 쪽에서 먼저 요구, 요오구, 요오오구) 하다 보면 질적으로 다른 결혼생활을 하게 될까? 아니면 서로 다른 사람이라는 것을 인정하고 약간의 포기를 해야 할까? 그럼 내가 계속해서 침범당하는 영역은? 내 존재에 생기는 생채기는? 그가 싫어지는 내 마음은 어떻게 하지?

누구나 그렇겠지만 나도 아직 가보지 않은 인생의 처음을 매번 경험하고 있다. 고민하고 헤매고 돌아 나오고 다시 걸음을 뗀다. 남편과는 굳이 같이 사는 부부가 아니라면 좋은 관계로 지낼 수 있을 것도 같은데, 내 이야기가 어디로 어떻게 흘러갈지 나도 모르겠다. 다양한 가능성을 상상하되 우리 가족 모두에게 더 좋은 이야기를 써내려가야 하리라.

페미니즘은 나의 감각에 더듬이를 세우고 내 안에 차오르는 생각과 말들을 따라가고자 하는 의지를 선물해주었다. 그리고 그 길에서 마주치는 고정관념과 사회규범과 관습이라는 척력에 밀리지 않을 약간의 근육도 만들어주었다.

산 넘어 산이지만 내 이야기는 아직 끝나지 않았다. 분명한 것은 이 이야기에는 이해하고 참고 견디고 맞춰주고 속으로 삼키다가 골병 드는 그런 '여성'은 없을 거란 사실이다.

나를 비롯한 수많은 김지영들의 이야기는 이제부터가 시작이다. 나의 이야기는 여기서 일단락되지만, 지금부터는 당신의 이야기를 들려주기 바란다. 우리 각자는 자기 삶에서부터 김지영의 뒷이야기를 써내려가야 한다. 우리가 서로의 이야기에 귀를 기울일 때 어쩌면 작은 변화가 일어날지도 모른다.

나는 들을 준비가 되었다. 김지영 씨는, 그리고 나와 같은 마음으로 그 책을 읽었을 수많은 김지영들은 어떻게 지내고 있을까? 그동안 우리들의 삶은 조금 더 나아졌을까? 모두들, 잘, 지내나요?

02

나의 노동에는
이름이 없다

아이린

결혼 후 5년간 창업, 공부, 출산, 육아,
집안일 하느라 체력이 고갈됐다.
얼마 전 남편이 퇴사해서 즐겁게 외벌이 중.

결혼 후 처음 겪어본 남자와의 동거에서는
게으름이 가능하지도, 용서되지도 않았다. 내가
하지 않으면 아무도 해주지 않았고, 열심히
한다고 해도 드러나지 않았다.

헛똑똑이가 만든 업무분담각서

20대 초반, 보증금 없는 월세 20만 원짜리 지하 단칸방에서 자취를 시작했다. 결혼하기 전까지 12년간 독립생활을 하면서 여동생이나 여자친구와 동거했던 기간도 꽤 된다. 이러한 경험을 바탕으로 나는 집안일에 대해 잘 알게 되었다. 이사를 위한 전월세 계약부터 대출 관련 업무까지도 빠삭한 상태였다. 실제로 그 모든 일을 잘 해낼 자신도 있었다.

그에 비해 나의 남편은 단 한 번도 혼자 살아본 적 없는, '엄마' 밑에서 곱게 자라 매사에 느긋한 매력적인(?) 선비 스타일의 남자였다. 그와 결혼하기까지 시가로 인해 엄청난 우여곡절을 겪었지만 그와 나 사이에는 딱히 문제가 없었다. 그는 결혼 준비에는 별 관심이 없었고, 거의 모든 일들을 나에게 맡겼다. 부부학교에 끌려가고 내 지인들을 수없이 만나면서도 군소리 하나 없던 그에게 나는 당당하게 '집안일 업무분담각서'를 내밀었다. 당시의 내게는 당연한 조치였다. 여자들과 함께 살 때는 쓰지 않던 각서를 내민 이유는 결혼생활에서 불합리한 일들이 벌어질 것이라고 예상했기 때문이다.

"당신은 혼자 안 살아봐서 몰라. 할 일이 얼마나 많은데. 각서 안 쓰면 결혼 안 해!"

은근슬쩍 발을 빼는 그에게 강력하게 요구했고 결국 우리는 설거지, 빨래, 청소, 쓰레기 버리기, 집수리, 요리 등의 집안일 담당자를 정했다. 그런데 담당자 이름을 적고 서명을 하는 과정에서 그가 전혀 망설이거나 긴장하지 않아 의아했다. 그가 나의 요구를 대수롭지 않게 받아들인 건 가사노동의 강도를 전혀 몰랐기 때문이라는 사실을 나중에야 알게 되었다.

훗날 나는 집안일을 하나도 모르는 그와 역할을 나눌 때, 항목을 세세히 적지 않은 것이 큰 실수였다는 사실을 깨달았다. 가사노동이라는 것이 그렇게 한 단어로 쉽게 설명될 수 없다는 사실을 그때는 왜 생각하지 못했을까? 이제와 각서를 다시 보면 한숨부터 나온다. '청소'만 해도 정리 정돈, 먼지 털기, 불필요한 물건 버리기, 청소기 먼지통 비우기, 걸레 빨기 등 많은 일들이 있다. '빨래'는 세탁물 모으기, 세탁기 돌리기, 널기, 걷기, 개기, 옷장에 넣기 등의 연결된 일들이 있다. 이런 구체적인 항목 없이 한 단어로 두루뭉술하게 정했더니, 남편이 맡은 일조차 상당 부분 내가 하는 형국이 되었다. 육아를 위해 새로 작성한 업무분담각서 또한 현실에는 적용되지 않았다.

그런데 나는 왜 미흡했던 각서 탓만 하고 있는 걸까? 불합리한 상황이 지속된다면 다시 협의하면 되지 않나? 그건 아마도 그래도 소용없으리라는 생각, 결국엔 나 혼자 아등바등 살게 되리라는 생각이 들기 때문일 것이다. 결혼 전 부부학교를 가고 결혼과 관련된 책도 많이 읽었지만, 정작 가장 중요한 것은 배우지 못했다. 우리는 함께 살림을 꾸려나가는 방법을, 협업하는 방법을 배웠어야 했다.

설거지 때문에 일상이 불행하다고?

업무 분담 과정에서 남편이 설거지를 강력히 거부했기 때문에 그건 나의 몫이 되었다. 나는 어릴 때부터 설거지를 한 경험이 많다. 집, 친구 집, 남자친구 집에서는 물론이고 아르바이트로도 설거지를 했다. 여자인 내가 당연히 해야 할 일이라고 생각했기에 결혼 후에도 거부감이 없었다.

나도 설거지를 좋아하지 않는다. 그동안 많이 해봤기 때문에 익숙해진 것뿐이다. 하지만 당시에는 나는 설거지를 잘하는 사람이고, 남편은 못하는 사람이라고 생각했다. 그도 연습하면 잘할 수 있다는 생각을 미처 하지 못했다.

나는 손이 빠른 데다 성격도 꼼꼼하지 않아서(?) 설거지를 금방 한다. 남편은 나와 다르게 굉장히 꼼꼼하다. 그에게 내가 설거지하는 모습은 기가 찰 정도로 대충 하는 것처럼 보였을 것이다.

"기름은 휴지로 먼저 닦아야지."

"기름기 없는 그릇에는 세제 쓰지 마. 세제가 몸에 얼마나 나쁜데."

"너무 대충 닦는 거 아니야? 세제 남지 않도록 깨끗이 닦아야지."

남편은 끊임없이 잔소리를 늘어놓았고, 몇 개월을 가만히 참던 나는 "그럼 네가 해!"라고 소리쳤다. 사실 남편이 빨래가 힘들다며 매일 투덜대던 참이었다. 이때다 싶어 "감 놔라 배 놔라 하지 말고 네가 설거지해라. 내가 빨래를 하겠다"고 제안하니 그가 냉큼 받아들였다. 그렇게 남편은 설거지 담당자가 되었다.

담당자가 바뀐 후, 설거지는 한겨울 눈더미처럼 수북하게 쌓여만 갔다. 2주 정도 지나자 집안의 그릇이란 그릇은 모두 꺼내 쓰게 되었고, 남편은 테트리스 게임을 하듯 싱크대 안에 설거지거리를 차곡차곡 쌓기 시작했다. 그릇에 담긴 물에서 냄새가 나기 시작하자 남편은 그 물을 버리고 다시 그릇을 쌓았다.

"기름기 있는 그릇은 싱크대에 넣지 말랬잖아."

"그릇에 물 채워놓지 마. 냄새나잖아."

"음식물은 바로바로 버려야지!"

이제 남편은 설거지 '하는' 입장에서 잔소리를 하기 시작했다. 뭔가 통쾌해서, 그 정도 소리를 듣는 것은 아무렇지 않았다. 군소리 없이 원하는 대로 열심히 따라줬다. 단 아무리 상황이 심각해도 설거지를 대신 하지는 않았다. 한 번 도와주면 자연스럽게 모든 일을 내가 맡게 될 것만 같았다.

혼자 살아본 적 없는 남편은 누군가 설거지를 하지 않으면 냄새가 날 뿐만 아니라, 밥 먹을 그릇이 없을 수도 있다는 사실을 그제야 깨달았다. 하지만 그런 엄청난 사실을 지금까지 모르고 살 수 있었던 것은 어머니의 희생 때문이었다는 사실은 미처 깨닫지 못했다. 나아가 당연하게 받아들인 그 희생을 아내인 내게도 요구하고 있다는 사실도.

결혼 1년 차에 바뀐 설거지 담당은 그 후로 5년간 지속되었다. 그동안 힘겹게 설거지를 해오던 남편이 어느 날 진심을 다해 조심스럽게 말을 꺼냈다. 자기는 설거지가 너무 싫고, 설거지 때문에 일상이 불행하다고. 정말로 설거지가 하기 싫다고.

어떤 일에 대해 느끼는 괴로움의 정도가 사람마다 다르다는 것을 안다. 익숙하지 않은데 성격은 꼼꼼하기만 한 남편에게 설거지가 무척 힘들었을 수 있다. 하지만 남편이 말하는 '일상의 불행'이 나에게는 불행이 아닌 것일까? 자신의 불행을 슬쩍 떠넘기는 이기심 가득한 그가 미웠다. 내가 해줄 수 있는 대답은 하나뿐이었다.

"나도 싫거든!"

너의 일상을 내게 알리지 말라

"아빠가 밤에 여기서 뭐 먹었나봐."

남편이 머물렀던 자리는 여섯 살 아들도 바로 알아차린다. 음식을 담았던 그릇이나 쓰레기가 그 자리에 고스란히 남아있기 때문이다. 최근 나는 사진을 한 장 찍어서 남편에게 보냈다. 주방 한구석에 남편이 어질러놓은 쓰레기와 잡동사니를 찍고, 그 부분에 분홍색 화살표로 표시를 해서 보냈다. 그러고 나서 남편이 있던 다른 장소도 둘러봤다. 역시나 정리해야 할 물건이나 쓰레기가 발견되었다. 지난 6년을 매일매일 저런 것들을 치우는 데 시간을 썼다고 생각하니 갑갑하기만 했다. 이제는 계속 이런 식으로 사진에 표시해서 알려주겠다고 다짐했다. 남편이 모르는 새 나의 노동력이 허비되는 것이 싫었고, 최소한 그가 알고라도 있어야 한다고 생각했다. 물론 최종 목적은 그가 어지르지 않거나 스스로 치우는 것이지만 크게 기대하지는 않는다.

사실 아이가 태어나기 전에는 이런 사소한 것들을 치우는 게 벅차지 않았다. 아무 생각 없이, 당연하게, 힘들어하지 않고 정리했다. 어처구니없게 들리겠지만, 남편이 남긴 쓰레기를 볼 때마다 귀엽다는 생각도 들었다. 조그만 휴지 뭉치 하나가 보이면 코를 풀었는지, 먹다 흘렸는지, 입을 닦았는지 궁금했다. 얼마나 맛있게 먹고 행복하게 룰루랄라 놀다가 휴지를 던져놓았을까?

하지만 귀여움은 정신적, 신체적 괴로움을 이길 수 없었고, 이제는 휴지 뭉치만 보면 그의 얼굴에 던져주고 싶은 마음이 든다. 무엇을 먹고 마셨는지 굳이 내게 알려주지 않기를 바란다.

아이가 태어난 후로는 집안이 엉망이 되기 일쑤였다. 대부분 남편이 어지르는 것이었는데, 아이까지 합세하니 도통 청소할 시간을 낼 수가 없었다. 아이러니하게도 남편은 깔끔하게 정리 정돈된 집을 좋아했는데, 때문에 이 시기 우리 부부 사이에는 극도의 긴장감이 돌았다.

이상한 것은, 정신없이 어질러진 거실에서 아이의 울음소리가 들리면 식은땀이 날 정도로 죄지은 기분이 들었다는 점이다. 어질러진 집안이나 우는 아이를 걱정하기에 앞서, 할 일을 제대로 하지 못하는 엄마나 아내로 비칠까 걱정하는 나 자신에 너무 놀랐다. 청소 담당자인 남편이 오히려 집안을 어지르고 있는데, 집안이 더러워지면 더러워질수록 나는 왜 안절부절못했던 걸까? 청소 담당이면서 청소기만 돌리고 마는 남편에 대한 분노는 둘째 치고, 내 죄책감과 책임감부터 해결해야 했다.

나는 이혼 가정에서 자랐다. 엄마는 그다지 깔끔한 사람은 아니었는데, 자신이 깔끔하지 않아서 아빠가 떠났다며 스스로를 탓하기도 했다. 그래서인지 내게 집안을 깨끗이 하라며, 더러우면 남자가 밖으로 나돈다는 조언을 자주 했다. 우리 부부를 만날 때마다 남편에게 잘하라며 나의 '여성성'을 한껏 끌어올리려고 노력했다. 그리고 그런 엄마를, 나는 무시하지 못했다.

어떤 이들은 부부 중 좀 더 깔끔한 사람이 참지 못해서 더 많은 가사노동을 한다고 말하기도 한다. 성별과는 관계가 없다는 것이다. 물론 개인의 성향에 따라서는 그럴 수도 있다. 하지만 적어도 내 경우는 그렇지 않은데, 그 이유는 남편보다 지저분한 내가 더 많은 가사노동을 하기 때문이다. 나는 덜 깔끔한 여자인데 더 깔끔한 남자보다 훨씬 많은 가사노동을 한다. 그리고 그의 기대 수준에 맞추지 못한다고 자책한다.

'나는 남편보다 더럽다. 그래서 남편이 청소에 더 신경 쓴다'고 자신 있게 말하고 싶다. 언젠가 텔레비전에서 '정리 정돈의 신'이라는 사람이 다음과 같은 말을 했다.

"정리 정돈 능력은 타고난 것이 아닙니다. 방법을 알면 누구든 잘할 수 있어요."

남편의 문제는 '정리 정돈 능력'이 아니라 '하고 싶지 않은 마음'과 '습관화된 게으름'이 아닐까? 그렇다면 그는 그런 마음과 게으름이 잘못이라는 사실을 알아야 한다. 아니면 자기가 하지 않아도 자연스럽게 누군가가 할 거라고 꾀를 부리는 걸까? 자기가 하지 않은 일이 내게 떠넘겨진다는 것을 그는 분명히 알고 있다.

이제 나는 남편을 미워하지 않기 위해 내 신체 상태에 적합한 노동만을 허용한다. 그가 한 달 동안 청소를 안 해도 대신 하지 않는다. 부부 싸움을 하게 될 확률이 아주 높기 때문이다.

"나는 네 엄마가 아니야!"

"나를 존중하지 않고 부리는 사람은 이 세상에서 당신 하나뿐이야."

싸울 때마다 하던 말이다. 더 이상 희생하거나 착취당하지 않겠다고 다짐했다. 그렇게 되는 순간 결코 행복해질 수 없을 테니까.

'맛있는 음식이 있는 화목한 가정'이라는 환상

남편에게 맛있는 음식을 만들어줘야 한다는 생각 또한 내게는 당연한 것이었다. 식탁 위에는 심심할 때마다 집어 먹을 간식거리가 준비되어 있고, 모락모락 김이 나는 음식을 두고 둘러앉아 식사하는 것이야말로 내가 꿈꾸는 가정의 모습이었다. 이런 화목한 가정을 만들기 위해서는 누군가의 대단한 헌신과 노력이 필요하다는 사실을 결혼 후 얼마 지나지 않아 깨달았다.

어느 날 남편이 아침밥을 먹고 싶다는 표현을 해왔다. 하지만 아침잠이 많은 나는 밥을 차려주지 못했고, 죄책감이 점차 커져갔다. 결국 아침에 가져갈 수 있게 밤마다 도시락을 준비하기 시작했다. 피곤했지만 죄책감도 들지 않고 아침잠도 편하게 잘 수 있기에 빼먹지 않으려고 노력했다. 차에서 먹기 편한 그릇과 가방을 구매하고, 지나가는 말이라도 맛있다고 했던 메뉴는 꼭 기억했다가 다시 싸주었다.

하지만 차 안에서 먹기 편한 메뉴는 한정적일 수밖에 없었다. 대부분 덮밥류였는데, 그러다 보니 이제는 따뜻한 국물을 챙겨주지 못하는 미안함이 나를 괴롭혔다. 요리를 전혀 하지 않던 내가 매일 도시락을 싸는 것만 해도 대단한 일이었지만, 아침 밥상을 차려주는 아내는 되지 못해 여전히 자책할 수밖에 없었다.

시어머니는 만날 때마다 본인 아들이 아침밥을 제대로 먹고 있는지 확인했다. 사과 한 쪽도 깨끗이 씻어서 씨를 도려내줘야 한다며 나를 열심히 교육시켰다. 나는 남편을 제대로 챙겨주지 못한다는 생각에 주눅이 들기만 했다. 내가 아무리 노력해도 시어머니만큼 할 수 없다는 사실을 받아들여야 했다.

맞벌이를 하면서도 일절 억울한 마음 없이 내 일이라고만 생각했던 요리, 그 요리를 더는 할 수 없다고 생각하게 된 계기는 아이의 탄생이었다. 출산 후 육아를 시작하면서 요리를 그만둘 수밖에 없었다. 육아가 전부 나의 일이 될 거라고는 미처 알지 못했다. 산더미 같은 일들이 몰려든다는 사실도. 엄마가 된 나는 육아에 온갖 집안일까지 떠안았고,

그중 가장 하기 힘든 요리를 과감하게 그만두기로 했다.

남편 끼니를 걱정할 시간은 없었다. 요리를 하기 위해서는 장을 보고, 식재료와 냉장고를 관리하고, 음식을 만들고, 설거지를 하고, 뒷정리를 해야 한다. 요리를 그만두면서 이 모든 일은 안 해도 되는 일이 되었다. 남편은 회사에서 저녁을 먹고 왔고, 나는 간단한 음식으로 대충 때우거나 굶었다. 맛있는 음식을 편안히 앉아서 먹고 싶었지만 그럴 몸과 마음의 여유가 없었다. 식탁 위의 맛있는 음식은 나의 노동이 없으면 불가능하다는 사실이 슬프게 느껴졌다. 누군가 날 위해 한 끼라도 차려줬으면 하는 마음이 간절했다.

아이에 대한 죄책감은 나를 더 힘들게 했다. 이유식은 전기밥솥으로 일주일 치를 한 번에 만들어서 냉동실에 넣어두었다. 노동 시간을 최소화하기 위한 선택이었고, 아이는 안쓰럽게도 한두 가지 맛으로 일주일을 버텨야 했다. 다양하게 먹이지 못한다는 사실이 죄책감을 불러일으켰다. 세상 사람들이 엄마 자격이 부족한 나를 손가락질하는 것만 같아 이유 없이 불안하기도 했다.

퇴근 시간이 되면 어린이집에 있는 아이를 데리러 가기 위해 달렸다. 아무리 일을 빨리 마무리해도 여섯 시 이전에 가는 건 쉽지 않았고, 어린이집에는 항상 아이 혼자 남아 있었다. "엄마!" 하고 소리치며 20개월 된 아들이 달려 나오면 이 아이처럼 나만 기다리고 반기는 사람이 또 있을까 한없이 행복하면서도, 요리도 못 해주고 매일 늦는 엄마라 미안하다는 마음이 들었다.

지금도 나는 요리는 거의 하지 않지만 '먹는 것'과 관련된 모든 일을 맡고 있다. 장보기, 냉장고 식재료 관리하기, 음식물 처리하기, 설거지 등등. 요리는 하지 않지만 가족들이 먹을 것은 여전히 내가 준비한다. 그럼에도 불구하고 죄책감은 여전하다. 요리를 안 한 지 4~5년이 지났는데도 여전히 '맛있는 음식이 있는 화목한 가정'을 만들지 못해 마음이 불편하다. 이 고정관념을 벗어나기가 왜 이리도 힘든 걸까?

나는 노동을 선택할 수 없다

언젠가 빨래를 널며 48개월 된 아들에게 도움을 청했다. 아이 옷이 대부분이기도 했고, 슬슬 집안일에 참여시켜야겠다는 생각이 들었기 때문이다. 아이는 "싫어. 엄마가 해야지. 엄마 일인데"라고 말하며 나를 놀리듯 짱구춤을 췄다. 충격이었다. 얼마 전 남편과 설거지를 하고 있을 때 "아빠랑 놀게 엄마 혼자 해"라고 말했던 일까지 떠오르면서 갑자기 화가 났다. 그날부터 아이는 자신의 속옷과 양말을 스스로 널어야 했고, 여섯 살이 된 지금까지도 군소리 없이 열심히 하고 있다.

아이는 나와 남편을 분명 다르게 대한다. 유치원 준비물을 제대로 못 챙기면 나를 타박하고, 옷이 필요하면 내게 빨래를 해달라고 요청한다. 그럴 때면 다 받아주지 않고 아빠의 역할도 생각하게끔 유도한다.

아이가 숲 체험을 가기 전날, 나는 도시락을 싸고, 단복을 빨고, 준비물을 챙기고, 아이를 얼른 씻겨서 재워야 했다. 그런데 설거지거리는 산더미이고, 식탁 위에도 아직 치우지 않은 그릇이 한가득이었다. 공부할 게 있다며 책상 앞에 느긋하게 앉아있는 남편과 벗은 옷을 빨래통에 안 넣고 버티는 아이 앞에서, 이 모든 일을 내가 하면 안 되겠다는 생각이 들었다.

"오늘 도시락은 당신이 싸."

남편은 깜짝 놀란 얼굴로 이유를 물었다. 깜짝 놀라는 것도 어이가 없는데 이유를 묻는 건 더 어이가 없었다. 아이에게 엄마만 도시락을 싸야 하냐고 물었더니 아니라고 했다. "오늘은 아빠가 싸줘. 공부하고 싸면 되잖아. 아니, 도시락을 먼저 싸고 공부하면 되잖아." 아이의 말에 작은 희열을 느꼈다.

아이를 낳고 키우면서 우리 사회에 만연하는 성역할 구분에 매일 놀란다. 분홍색과 파란색 아니면 살 게 없는 아이 물건은 기본이고, 유치원의 문화나 구조 또한 아이에게 성역할을 철저하게 교육시킨다. 비영리 기관에서 운영하며 인성 교육을 중시한다는 아이의 유치원도 별반 다르지 않았다. 첫 유치원 가족 모임에서 나는 바느질을 했고 남편은 텃밭을 갈았다. 내게 텃밭을 선택할 기회는 주어지지 않았다. 너무나 자연스럽게 모든 엄마들은 방에 앉아 바느질 도구를 받았다. 또한 유치원에서 보내는 모든 문자는 남편을 배제하고 나에게만 온다. 양육자가 꼭 참석해야 하는 활동에도 나만 초대한다.

"저녁 활동은 저만 하는 건가요? 남편은 안 하나요?"

나의 질문에 당황한 담당자는 더 답답한 대답을 했다.

"아, 아니요. 남편도 오셔도 됩니다. 남자가 오면 안 되는 활동은 아니에요."

"전 의무로 해야 하고, 남편은 해도 되고 안 해도 된다는 건가요?"

시원한 대답을 듣지는 못했지만, 나는 남편과 함께 가는 것을 택했다. 둘 다 고생할지언정 육아의 의무와 책임은 동일하게 주어져야 하니까.

남편은 스스로 아이 준비물 하나, 도시락 한 번 챙겨본

적이 없다. 슬쩍 모른 체하며 발 빼는 남편보다 더 싫은 건, 나와 남편 사이의 합의와 상관없이 유치원에서 '육아는 엄마의 일'이라고 미리 정해놓았다는 점이다. 누가 소식을 받을지, 누가 반모임이나 외부 활동에 참여할지, 그 어떤 것도 사전에 우리에게 묻지 않았다. 나는 노동을 선택할 수 없다.

여자와 사는 게 낫다

남자와 5년 넘게 살다 보니 의문이 한가득 생긴다. 남자와의 동거에서 나에게 득이 되는 것은 무엇일까? 이렇게 피곤하고 힘든 일상을 왜 지속해야 할까? 여자끼리 살 때는 자연스럽게 가사를 분담했다. 누군가가 바빠서 일이 몰리거나 부지런한 사람이 게으른 사람에게 불만을 토로하면 미안해하는 것이 당연했다.

물론 여자와 함께 사는 게 무조건 편안했던 것은 아니고, 생활 습관이 부딪히는 경우도 종종 있었다. 하지만 분명한 것은 여자와의 동거가 남자와의 동거보다 '몸과 마음이 편했다'는 사실이다. 개인의 특성과는 별개로, 여자는 남자와의 동거에서 심리적으로, 신체적으로 자유로울 수 없다. 여자와 동거할 때는 나에게 주어진 노동의 강도가 더 세다고 느껴본 적이 없다. 굳이 내가 더 노력해야 한다고 생각해본 적도 없다. 우리는 서로를 도와야 한다고 생각했고 서로에게 피해를 주지 않기 위해 자연스럽게 눈치를 보기도 했다. 나는 게을렀지만 그로 인해 동거인에게 불편을 주지 않기 위해 노력했다.

결혼 후 처음 겪어본 남자와의 동거에서는 게으름이 가능하지도, 용서되지도 않았다. 내가 하지 않으면 아무도 해주지 않았고, 열심히 한다고 해도 드러나지 않았다. 얼굴에 철판을 깐 남편은 스스로 게으르다고 자신 있게 말했지만, 나는 내가 부지런하지 않다는 사실이 부끄러웠고 완벽한 아내, 완벽한 엄마가 되지 못한다는 생각에 죄책감을 느꼈다. 다른 누군가와 함께 살 때는 별 문제가 되지 않았던 나의 부족함이 결혼생활에서는 신랄하게 들춰지는 이유가 무엇일까?

옆에 있는 사람이 바쁘고 힘들어하면 전혀 모르는 사이가 아니고서는 당연히 돕기 마련이다. 그런데 아내가 아무리 바빠도 가만히 있는 남편을 보면 부부는 동등한 사람과 사람의 관계가 아니라는 생각이 든다. 좀 심하게 표현하면 여자를 노예처럼 여긴다는 생각까지 든다. 직장 동료나 친구는 도와주면서 왜 아내에게는 그런 마음이 들지 않는 걸까? 스스로 우월하다고 생각해서 불편한 감정을 느끼지 않는 걸까? 가사노동과 돌봄노동은 당연히 여자의 몫이라고 생각해서 편안한 걸까? 언제나 똑같이 일할 수는 없어도 돕고 싶고 미안한 감정이 들어야 정상적인 관계가 아닐까?

'결혼제도'가 혼자서는 외로운 사람이 누군가와 의지하며 살기 위해 존재하는 것이라면, 여자끼리 결혼해야만 그 목적을 이룰 수 있을 것 같다. 그림자노동에 시달리며 잠깐의 글 쓰는 시간조차 내기 어려운 요즘, 날 도와주고 위로해줄 누군가가 절실하다. 어쩌면, 나의 두 번째 배우자는 여자일 수도 있겠다.

●

"저는 가사노동을 안 하고 있는데, 이 주제로 글을 써도 될까요?" '그림자노동'이라는 주제를 받고 나는 당당하게 물었다. 이런 자만은 글을 쓰기 시작한 지 얼마 지나지 않아 처참하게 무너졌다. 나와 남편의 일상을 매일매일 자세히 관찰해보니 '안 하는' 게 아니었다. 다른 아내들만큼 하지 않을 뿐, 살기 위해 꼭 해야 하는 일은 모두 나의 몫이었다. 혹시 당신도 나처럼 쓸데없는 죄책감에 시달리고 있다면 오늘 당장 '그림자노동 목록'을 작성해보기를 바란다.

그림자노동 체크리스트 – 청소 편

거실 - 방	☐ 청소기 돌리기	**화장실**	☐ 변기 닦기
	☐ 청소기 먼지통 비우기		☐ 세면대 닦기
	☐ 걸레질		☐ 수도꼭지 닦기
	☐ 걸레 빨기		☐ 거울 닦기
	☐ 유리창 닦기		☐ 바닥 닦기
	☐ 문틀 닦기		☐ 수건 채워 넣기
	☐ 환기		☐ 휴지 채워 넣기
	☐ 장난감 정리		☐ 화장실 쓰레기통 비우기
	☐ 책장 정리	**베란다 - 현관**	☐ 배수구 머리카락 치우기
	☐ 이불, 카펫 털기		☐ 베란다 쓸고 닦기
	☐ 공기청정기, 선풍기 청소		☐ 베란다 곰팡이 제거
주방	☐ 설거지		☐ 베란다 배수구 청소
	☐ 식탁 정리 및 닦기		☐ 신발장 정리
	☐ 가스레인지 닦기		☐ 현관 먼지 쓸기
	☐ 벽 기름때 닦기		☐ 세탁기 청소
	☐ 선반 닦기	**쓰레기**	☐ 쓰레기통 비우기
	☐ 싱크대 물때 닦기		☐ 음식물 쓰레기통 닦기
	☐ 그릇 정리		☐ 쓰레기봉투 준비
	☐ 수세미 소독		☐ 쓰레기통 비닐 교체
	☐ 배수구 청소		☐ 분리수거
	☐ 환풍기 청소, 필터 교체		☐ 쓰레기 내다 버리기
	☐ 냉장고, 건조기 청소		☐ 오래된 음식 정리

03

남편은
내 돌봄노동에
빚이 있다

이성경

남편과 같은 회사에서 일하다
애 둘을 낳은 후 반강제적으로 전업주부가 되었다.
남편과 함께 '맞노동' 하는 중.

사람들은 전업주부를 팔자 좋은 사람, 노는 사람으로 생각한다. 나는 팔자가 좋지도 않고, 놀지도 않고, 정말 열심히 일하며 사는데 왜 노동자로 인정받지 못할까?

나는 '마누라'가 싫다

남편이 지인들과 대화할 때, 나를 지칭하며 '마누라'라고 했다. 나는 그 표현에 썩 기분이 좋지 않아 다른 호칭을 사용해달라고 부탁했지만 남편은 거절했다. 내가 기분이 나빠도 그냥 넘어갔거나, 남편이 내 말을 존중하여 "당신이 기분 나쁘다니 사용하지 않을게"라고 했으면 부부싸움은 일어나지 않았을 텐데, 불행히도 나와 남편은 둘 다 뜻을 굽히지 않았다.

"마누라는 다들 쓰는 말이잖아. 너무 유별난 거 아냐?"

내가 왜 기분 나쁜지 묻거나 다른 대안을 찾아보려는 태도를 취하지 않고, 오히려 유별나다는 말로 나를 공격하니 애초에 '마누라'에서 상한 기분은 몇 배의 분노가 되어 활활 타올랐다. 나는 내 말을 무시한다고 소리쳤고, 남편은 별것도 아닌 일로 유난을 떤다며 맞섰다.

남편 말대로 '마누라'는 많은 남성들이 사용하는 말이고, 어원을 따져보면 본래 높이는 말이다. 상황에 따라서는 다소 정겹게 느껴지는 단어여서 일상에서 큰 문제없이 사용된다. 그런데도 이 호칭이 불쾌한 이유는 단어의 쓰임에 있다. "마누라가 미쳤는지 기어오르더라고!" 폭력적인 남편이 배우자를 하대하는 상황에서도 '마누라'는 잘 어울린다. 한없이 다정다감하고 친근하게 쓰이다가도 아내를 낮추고 업신여기는 상황에서 '여편네'만큼이나 쉽게 사용되는 호칭이다.

'마누라'가 배우자를 향한 존칭이라면 이런 식으로 사용할 수 있을까? 부부는 상하관계가 아닌 수평적인 관계이기 때문에 누가 누구에게 기어오를 수 있는 게 아니다. 그럼에도 불구하고 이런 장면에서 어색하지 않게 쓰이는 것은 '마누라'가 딱 그 정도의 호칭이기 때문이다. 언제든 상대를 무시할 준비가 된 호칭이라니. 이렇게 남자들 기분 따라 제멋대로인 호칭으로 불리기 싫다.

언어는 사고를 지배한다고 하지 않던가. 한 여자로, 동등한 부부로 존중받는 말로 불리고 싶었다. 그런데 남편은 내 감정을 하찮게 여기며 오히려 나를 이상한 사람으로 취급했다. 누가 보면 둘 중 하나가 바람이 났거나 도박에 빠져 가산을 탕진하는 큰 사고를 쳤다고 생각할 만큼 '마누라'에서 시작된 부부싸움은 쉽게 끝나지 않았다. 나는 나대로 감정을 존중받지 못해 화가 났고, 남편은 남편대로 사소한 일로 피곤하게 한다며 화를 냈다. 협상도 사과도 이해도 없이 종료된 싸움은 내게 큰 상처가 되었다.

부부가 서로를 부르는 말에 있어, 남자들은 선택지가 많지만 여자들은 선택지가 좁고 한정되어 있다. 남편이 아내를 지칭할 때는 '마누라, 여편네, 각시, 처, 와이프' 등 상황에 따라 쓸 말이 다양하지만, 아내가 남편을 부를 때는 '남편, 신랑'이 전부다. 결혼할 때는 신랑과 신부지만 어느새 신부는 사라지고 신랑만 남아, 결혼한 지 10년이 지나도 어떤 남편들은 신랑으로 불린다. 평생 첫 마음으로 존중하며 살겠다는 의미인지 뭔지. 관계의 시작인 호칭 하나만 봐도 참 불공평하다.

'동등한 친구'가 되고 싶다는 말은 이상하다. 친구는 원래 동등하니까. 한쪽이 우월한 위치에서 힘을 갖고 행사하면 친구관계는 깨어진다. 그러나 여성들이 남편과 '동등하게' 살고 싶다는 말을 할 때는 그리 이상하지 않다. 그만큼 부부관계에서는 불평등이 익숙하다. 요즘은 시대가 많이 달라졌다고, '여성우월시대'가 되었다고 하지만, 막상 결혼 생활을 시작하고 보니 일상에서 마주하는 크고 작은 불평등은 여전했다.

육아를 선택하니 맘충이 되었네

나와 남편은 같은 회사에 다녔다. 전통건축과 관련된 일을 했다. 나도 남편도 스스로 원해서 선택한 분야였고, 자부심을 갖고 재미있게 일했다. 가치관이나 취향이 비슷해 금방 친해졌고, 사내 연애를 하다 결혼했다. 같은 회사에서 같은 팀으로 같은 프로젝트를 했으니, 남편의 하루와 나의 하루가 크게 다르지 않았다. 경력을 쌓다 보면 앞으로 걷게 될 길도 비슷했다.

그러나 첫째 아이를 낳으면서 우리는 완전히 다른 삶을 살게 되었다. "1년 키우고 나서 복직할 거야"라며 휴직을 했으나 돌이 지나도 아이는 너무나 약한 존재였다. 나와 남편 둘 다 아이가 어느 정도 자랄 때까지는 아이에게 더 많은 관심과 사랑을 줄 '돌봄 전담자'가 필요하다는 데 동의했다. 그게 꼭 '엄마'여야 했던 것은 아니었다. 하지만 양가의 도움을 받기도 어렵고 아이를 믿고 맡길 만한 사람도 없는 상황에서 가장 합리적인 선택은 엄마인 '나'였다.

첫째가 어느 정도 커가면서 가족계획을 세웠다. 오랜 고민 끝에 둘째를 낳기로 했다. 남편에게 젖과 자궁을 떼어주고 이번에는 당신이 낳고 키우라고 하고 싶었지만, 둘째의 임신, 출산, 육아 또한 여자인 내 몫이었다.

성별이 우리의 역할을 정해줬다. 그동안은 나와 남편의 성별이 다르다고 해서 크게 다른 존재라고 생각한 적이 없었는데, 출산 이후에는 여자와 남자라는 성별이 우리가 전혀 다른 삶을 살게 만드는 가장 큰 요인이 되었다. 한 사람과 한 사람이 만나 결혼했고, 똑같이 아이 둘을 원했고, 똑같이 부모가 되었고, 아이가 건강하게 자랐으면 하는 마음도 같았지만, 삶은 달라져야만 했다.

내가 남편보다 아이를 더 좋아해서도, 남편이 나보다 일을 더 좋아해서도 아니었다. 애를 낳은 것은 여자인 나였으니까, 산후조리가 필요한 것도 나였고, 모유가 나오는 것도 나였으니까. 신체의 변화도, 심리의 변화도, 관계의 변화도 모두 여자인 내가 감당할 일이었다. 나는 그렇게 지극히 자연스럽게 아이를 위해 사회적 자아를 포기하는 엄마가 되었다. 아니, 정확히 표현하자면 포기하고 싶지 않았지만 포기할 수밖에 없는 '엄마'라는 굴레에 빠졌다.

아이들의 어린 시절은 한 번뿐이니까, 나의 시간과 체

력, 사회적 기회를 잃어버리는 것에 불만을 갖지 않기로 했다(나의 30대도 한 번뿐인 것은 마찬가지였지만). 내가 선택한 아이들이니까 잠시 나의 욕구를 내려놓고 아이들의 행복에 집중했다. 가족, 친구, 가까운 지인 한 명 없는 곳에서 온전히 혼자 육아를 한다는 것은 생각보다 훨씬 더 우울하고 힘든 일이었다. '유아어' 수준의 대화가 매일 반복되었고, 아이들이 나를 도인으로 만들려고 태어난 것이 아닌가 싶을 만큼 참고 참고 또 참으며 나를 내어줬다.

후배들은 승진했고 나만 퇴화하는 기분이 들었지만 개의치 않았다. 인생의 속도는 사람마다 다른 거라고, 추구하는 가치가 다른 거라고 스스로를 다독였다. 남편이 책임감을 갖고 성실하게 돈을 벌었듯 나 또한 돌보는 일에 최선을 다했다. 돈 버는 일과 돌보는 일에 우열이 없다고 믿으며 자부심을 가지려고 애썼다.

그러나 시간이 지나면서 뭔가 잘못되었다고 느끼는 순간들이 찾아오기 시작했다. 나만을 위한 경력을 쌓으며 나만의 돈을 벌던 내가 이제는 남편에게 의지해야만 했다. 함께 일하던 업계의 소식도 남편을 통해 전해 듣는 처지가 되었다. 그런 현실을 인지할 때면 깊이를 알 수 없는 박탈감, 분노, 슬픔이 몰려왔다.

무엇보다 내가 만만하고 하찮은 존재가 되었다고 느끼

는 순간은 참기 힘들었다. 돌보는 일이 돈 버는 일보다 훨씬 더 가치 있는 일이라고, 스스로 아무리 자부해도 소용없었다. 전업주부는 남편이 벌어다 주는 돈으로 편하게 놀고먹는 '맘충'이라는 멸시의 시선은 기본이고, 같은 엄마들 사이에서도 일하며 돈 버는 엄마가 더 가치 있는 사람으로 평가되었다. 돌봄을 선택함과 동시에 '무능'과 '혐오'라는 낙인이 필수 옵션으로 따라온다는 사실을 뒤늦게 깨달았다. '그래 뭐 남들이야 그렇다고 해도 남편이 나를 그렇게 보지 않으면 되는 거지'라며 위안을 삼았는데, 맙소사! 남편도 크게 다르지 않을 줄이야.

입이 있어도 말할 수 없는 처지

돈 버는 남자는 권위를 갖는다. 친정 엄마는 남편이 돈 버느라 고생하니까 맛있는 요리를 해주라고, 퇴근하면 집에서 편안히 쉴 수 있도록 기분 나쁜 일이 있어도 말하지 말라고, 남편이 무언가를 잘하면 크게 칭찬하고 기운을 북돋아주라고 수시로 당부했다. 내가 임금노동을 그만두고 돌봄노동을 선택한 이후, 내 성질은 죽이고 남편 기는 살려야 하는 새로운 과제가 생긴 것이다. 애 둘 보는 건 쉬운 줄 아냐고, 왜 남편 눈치를 보냐고 말은 했지만 그러면서도 남편의 감정을 신경 쓸 수밖에 없었다. 감정노동은 서비스직 노동자들의 어려움인줄만 알았는데, 집안에서 나의 핵심 업무가 아이들 기분 맞춰주기, 남편 기분 맞춰주기였다. 타인의 감정을 지속적으로 살피는 것은 힘들고 어려운 일이다.

돈 버는 남편과 집안을 돌보는 나의 위상은 전혀 동등하지 않았다. 남편은 내가 갖지 못한 것을 가졌다. 나의 노동을 평가할 수 있는 권한, 나를 통제하고 부릴 수 있는 힘. 돈 버는 남편은 권위뿐만 아니라 권력도 갖는다.

"흰 빨래는 삶아야지."

"냉장고 음식물 좀 빨리빨리 처리해."

"집안 꼴이 이게 뭐야."

남편의 말들은 가벼운 타박처럼 들렸지만 신경을 안 쓰자니 거슬렸다. 몇 번은 그냥 넘어가기도 했지만 그렇게 넘어가고 나면 왠지 찜찜했다. 내 부족함과 직면하는 것은 죄책감이 들고 주눅 드는 일이다. 청소를, 요리를, 냉장고의 음식물 관리를 못한다며 지적받거나 돈 관리, 시간 관리를 못한다고 타박당하는 일이 반복적으로 일어났다. 남편은 이런 말을 하기도 했다.

"내가 아침을 차려달라고 한 적이 있길 해, 주말에 등산이나 낚시 다니면서 혼자 쉬길 해."

나는 본래 아침을 차려야 하는 사람인데 성은이 망극하게도 너그러운 남편을 만나서 그렇지 않은 삶을 살고 있다는 말인가? 주말에는 돈 버느라 고생한 사람이 쉬는 게 당연한데 함께 아이를 돌보고 있다는 사실에 감사하라는 말인가? 의문이 생기기 시작했다. 왜 남편은 쉽게 날 평가하지? 왜 남편은 나에 대한 불만을 자유롭게 내뱉지? 반대로 왜 나는 남편에게 그렇게 얘기하지 못하지? 왜 남편 앞에 서면 자꾸 작아지는 거지?

우리 사회에서 힘을 가진 '갑'은 하고 싶은 말을 마음껏 하고 '을'은 참고 듣기만 한다. 남편과 내가 '갑을'관계 같았다. 남편과 내가 서로의 역할을 바라보는 자세는 근본적으로 달랐다. 나는 통장 잔액 부족 스트레스에 시달리면서도 남편 기분이 상할까 자존심이 상할까 염려하며 하고 싶은 말을 꾹꾹 참았지만, 남편은 내 감정이 상하거나 말거나 본인이 하고 싶은 말을 서슴없이 뱉었다. 돈을 버는 남편에게는 주체가 되어 말할 수 있는 힘이 있었고, 날 침묵하게 하는 힘이 있었다.

"그렇게 육아와 가사가 힘들면 당신이 돈 벌어. 역할을 바꾸자고."

결국 이 말을 듣게 된 날, 나는 좌절했다. 직장을 그만두고 전업주부가 된 이후 남편과 역할을 바꾸고 싶다는 생각은 수시로 했다. 아무리 의미 부여를 하면서 집안일을 하고 아이들을 돌봐도 자긍심을 갖기 어려워, 할 수만 있다면 그렇게 하고 싶었다. 그렇지만 직장을 그만둔 지 오래되었기에 당장 어디에 취직하기도 어려웠다. 남편이 한 말은 내 입장에서는 하고 싶어도 '할 수 없는 말'이었다.

그런 말을 남편의 입을 통해 듣게 되니 정말 황당하고 비참했다. 남편은 안정적인 직장에서 돈을 버는 사람이기 때문에 "역할을 바꾸자"라는 말을 아무렇지도 않게 할 수 있었다. 당당하게 "그래. 바꾸자!"라고 말할 수 없는 내 현실이 굴욕적이었다. '나는 어쩌다 이런 신세가 되었나' 참담한 심정이었지만 제대로 말 한마디 못한 채 곧바로 집을 뛰쳐나갔다. 침묵은 약자의 것이라는 사실을 실감했다.

며칠이 지나고 마음이 진정되자 나는 남편에게 차갑게 말했다. "역할을 바꾸자고 말할 거였으면 6년 전에 했어야지. 이제 와서 그런 말을 하면 나보고 어쩌라는 거야? 듣는 내 심정이 어떨지 생각해봤어? 당신이 돈 버니까 감히 까불지 말고 당신 마음에 들게 집안일 똑바로 하라는 거야?"

남편이 사회적으로 경제적으로 경력이 쌓이고 유능해지는 동안 나는 무능한 존재가 되었다. 집 안에서 집 밖에서 나는 초라했다. 우린 똑같이 두 아이의 부모로 열심히 살았는데, 아이를 키우는 동안 우리 둘의 모습은 왜 이리 달라졌을까. 돈 앞에서 작아지고 자존감이 무너졌다. 회사를 그만 둘 때 이런 미래를 기대하지는 않았는데. 생각할수록 분하고 눈물이 났다. 임금노동 하는 남편은 돌봄노동 하는 내 위에 있었다.

남편은 내 돌봄노동에 빚이 있다

나는 스스로 나를 구해야 했다. 남편은 남자들이 하는 흔한 말을 하고, 남자들이 받는 흔한 대우를 받고 싶었을 뿐이다. 남성에게 더 많은 권력을 주는 현재의 결혼제도는 그 질서에 순응해 살아가는 것만으로도 수많은 차별을 만들어낸다. 남편은 날 무시하는지도 모른 채 상처를 주었고, 나는 자주 결혼을 후회했다. 스스로 자존감을 되찾지 않고서는 남편 눈치나 보며 기죽어 살거나 부부관계가 악화될 위기였다.

　　나는 가족을 위해 독립적이고 주체적이던 내 삶을 내려놓았다. 경제력을 잃고, 수많은 기회도 잃고, 그저 옳은 일이라는 신념 하나로 아이들의 성장을 도우며 살았다. 하루하루 나의 자아를 누르며 견뎠다. 엄마라는 무게도 버거운데, 남편과의 불평등한 관계까지 용납하고 싶지 않았다. 돌봄을 선택했던 내 판단을 이렇게 후회로 남길 수는 없는 일. 상호 존중하는 동등한 부부로 살아가기 위해 전략이 필요했다.

돈 버는 유세에 맞서 '돌보는 유세'를 시작했다. 한국 사회의 돌봄노동에 대한 인식은 터무니없어서, 돌보는 유세를 부릴 기회는 많지 않다. 하지만 돈 버는 사람이 '돈'을 무기 삼는다면 돌보는 사람이 '돌봄'을 무기 삼지 못할 이유도 없다. 돌봄은 우리 삶의 기초다. 타인에게 자신을 내어주는 멋진 일이다. 인간 사이의 교감을 풍성하게 하는, 감히 돈으로 환산할 수 없는 가치를 가진다. 돌봄에 시간과 공을 들이는 사람들은 더 높은 위상을 가져야 한다.

나에게 남편의 임금노동이 필요하듯, 남편에겐 내 돌봄노동이 필요하다. 서로의 노동이 절실하다. 남편이 없으면 나와 아이들의 삶이 위태롭듯, 내가 없으면 남편과 아이들의 삶이 위태로워진다. 내가 하는 역할은 남편의 역할만큼 중요하다. 내가 남편의 기운을 북돋기 위해 관심을 기울여야 한다면, 남편도 내 기를 살려주기 위해 노력해야 마땅하다. 이렇듯 '상향 평등'해지면 좋으련만, 남편은 내 생각과 감정을 이해하지 못했다. 그래서 나는 감정노동을 그만두고 남편을 그대로 따라 했다. 눈에는 눈, 이에는 이.

"빨래 좀 삶아야지. 옷이 이게 뭐야?"하며 내 부족함을 지적하면 "그럼 돈을 더 벌어와. 돈 있고, 시간 있고, 마음의 여유가 있어야 살림도 즐겁게 하는 거지. 나는 당신한테 할 말이 없어서 말을 안 하는 줄 알아? 말하고 싶어도 참는 거야. 당신이 버는 돈이 내 기대치에 못 미쳐도 궁핍함을 참고 사는데 당신은 뭘 그리 당당하게 나한테 불만을 말해? 내가 하는 게 맘에 안 들어도 나한테 말하지 마. 참든가 직접 하든가"하며 남편의 부족함을 드러냈다. 남편이 다른 전업주부들과 나를 비교하면서 열등감을 갖게 하면, 나도 다른 남자들과 남편을 비교했다. 남편이 기죽을까 평소 생각만 하고 내뱉지 못했던 말을 했다. 그것이 어떤 기분인지 그대로 느끼게 해주었다. 내 기대치에 상관없이 남편이 벌어오는 돈을 고마워해야 한다면 남편도 내 노동에 대해 그래야 한다.

남편이 밖에서 돈 벌기가 얼마나 힘든지, 자신이 가족들을 먹여 살리기 위해 얼마나 큰 책임감을 갖고 불편한 상황들을 참고 있는지 은근히 내비칠 때는 나도 내가 얼마나 많은 것을 포기하고 엄마라는 역할에 짓눌려 사는지 말했다. "당신의 책임감이 내 책임감보다 더 크다고 생각하지 마. 당신과 나는 종류가 다른 부담을 안고 살아갈 뿐이야. 그래도 당신 고생에 대해서는 월급이라는 보상과 사회적인 인정이라도 있지. 내 고생의 대가는 남편이 뼈 빠지게 벌어다 준 돈으로 커피나 마시는 맘충이 된 거잖아. 마음 편하게 커피 사 마실 돈을 벌어다 준 것도 아닌데."

내가 남편의 임금노동에 빚이 있다면, 남편은 내 돌봄노동에 빚이 있다. 남편은 내 돌봄노동을 기반으로 애가 아프거나 말거나, 방학을 하거나 말거나 걱정 없이 일에 집중하면서 경력을 쌓았다. 애가 둘이나 있는데 출퇴근 시간을 꼬박꼬박 지켜서 일하러 다니는 것, 애들의 어린이집 생활, 교우관계, 안전한 먹거리, 건강에 신경 쓰지 않고 일에 집중하는 것, 일이 많을 때는 야근하는 것, 실력이 쌓이고 연봉이 오르는 것, 애 둘의 아빠가 되었어도 사회생활이 순조로운 것은 애 둘을 돌보고 있는 내가 있기 때문이다.

남편이 벌어오는 임금에는 내 돌봄노동이 숨어있다. 남편 혼자 돈 버는 노고를 인정받는 건 부당하다. 남편의 성취는 나의 희생을 기반으로 한 것이다. 사람들은 남편이 버는 돈으로 내가 편하게 산다고 하지만 사실은 내가 하는 돌봄노동 덕분에 남편이 안정적으로 일하며 자신의 가치를 올린 것이다. 남편이 버는 돈의 절반은 정당한 내 몫이다.

노동자로 인정받기 위해 국민연금에 가입하다

어느 날 집으로 날아온 우편물을 펼쳐보니 남편의 '국민연금 적립금' 안내서다. 제법 목돈이었다. '남편은 계속 노동하고 있다는 게 이렇게 증명되는구나!' 남편의 노동은 미래의 돈으로 쌓였다. 나도 회사에 다닐 때는 4대 보험에 가입되어 있었지만 전업주부가 되면서 납부를 멈췄기에 나와 남편의 적립금은 상당히 큰 차이가 났다. 마치 내가 국민연금 납부를 멈춘 시점부터 노동을 하지 않은 사람인 것처럼 느껴졌다.

전업주부로 애 둘을 키우는 노동의 강도는 회사 일보다 훨씬 더 힘들고, 다양하고, 복잡했지만 그 어디서도 나는 노동자로 인정받지 못했다. 대부분의 사람들은 '전업주부=팔자 좋은 사람=노는 사람'으로 생각한다. 지인을 만나면 "너 언제까지 놀 거야?"라는 질문을 받았다. 심지어 엄마들끼리도 그런 표현에 익숙하다.

나는 팔자가 좋지도 않고 놀지도 않고 정말 열심히 일하며 사는데 왜 노동자로 인정받지 못할까? 사회에서 인정하거나 말거나 스스로 노동자가 되리라는 오기가 생겼다. 국민연금 지역가입자로 등록해서 매달 일정 금액을 납부하는 일부터 시작했다. 매달 차곡차곡 쌓이는 국민연금을 보는 것만으로도 노동자가 된 기분이 들었다. 매달 생활비가 부족한 형편이었지만 무리해서라도 국민연금을 넣었다.

고용보험이나 산재보험처럼 전업주부의 안정된 생활

을 보장하기 위한 국가 책임 의무보험이 없다는 것이 매우 아쉬웠다. 근로자의 노후 생활을 보장하기 위해 퇴직연금제도를 의무화했듯 전업주부의 안정된 생활을 보장할 수 있는 최소한의 제도가 마련될 수는 없을까. 이혼하고 싶어도 경제력이 없어서 못 하는 전업주부가 정말 많다. 근로자들의 취약성을 분석하고 반영하여 복지제도가 생기듯 전업주부의 삶에도 관심을 가져주면 얼마나 좋을까.

국민연금에 이어 내 용돈도 따로 챙겼다. 남편은 매달 일정 금액의 용돈을 받아 개인적으로 사용한다. 나는 통장에 입금되는 남편의 월급으로 가계를 운영한다. 주어진 월급은 적고, 4인 가족 생활비는 만만치 않아서 내 노동 중 가장 스트레스 쌓이는 일이 돈 관리다. 아이들이 뭘 사달라고 할 때 정해진 비용 안에서 절제시키는 것도 매번 반복되는 중노동이다.

그런데 어느 날, 아이들이 사달라는 것을 안 된다고 설득하고 있는 내 옆에서 남편이 "내 용돈으로 사줄게"라고 했다. 남편에겐 생활비와 별개로 본인 의지대로 사용할 수 있는 자유로운 '내 돈'이 있다는 사실에 복잡한 마음이 들었다. 돈 버는 사람의 특권인가 싶어 나에게도 '내 돈'이라는 권리를 줬다. 남편 월급이 들어오면 내 용돈과 남편 용돈을 각각 먼저 이체하고 남은 돈을 생활비로 사용했다. 이제

나도 남편처럼 "내가 쏠게"라고 생색을 내기도 한다. 남편의 국민연금이나 용돈이 생활비 부족과 상관없이 고정적으로 나가듯 내 것도 그래야 한다는 원칙을 세웠다. 돈이 부족해서 못 하는 것이 생겨야 한다면 외식이나 여행처럼 가족 모두가 누리는 다른 지출이어야 한다.

이 외에도 나는 연중무휴 노동자가 되지 않기 위해 남편과 많은 대화를 나누고 다양한 시도를 하고 있다. 우선 '주 5일 근무'를 지키려고 노력한다. 평일에는 장 보고, 밥하고, 빨래하고, 청소하고, 육아하는 집안의 전반적인 일을 내가 맡지만 주말에는 남편과 함께 하고, 함께 쉰다. 나만의 '주부 월차제'를 만들기도 했다. 생리휴가를 포함하여 한 달에 이틀은 온전한 나만의 시간을 갖기 위해 내 일터인 집을 떠난다. 한 달에 단 이틀이라도 아이들의 뒤치다꺼리에서 벗어나면 숨통이 트인다.

남편과 아이들 물건을 우선순위로 사고, 나에게 필요한 것은 미루고 미루는 짓도 그만두었다. 밖에서 돈 버는 남편 기 살려준다고 좋은 브랜드 제품을 사주고, 내 건 인터넷 최저가 제품을 고르는 짓도 그만두었다. 그건 스스로를 낮추는 일, 그 이상도 이하도 아니다. 전업주부인 나의 자존감은 아무도 지켜주지 않는다. 온전히 내 몫이다.

"내가 하는 노동의 가치는 내가 정해. 백지수표야. '유급'노동과 '무급'노동으로 보지 말고 임금'노동'과 돌봄'노동'이라고 생각해. 우린 지금 '외벌이'가 아니라 '맞노동'을 하고 있다고!"

남편이 진화했다

6년간 벌인 오랜 투쟁은 성과가 좋다. 나와 내 일상을 바라보는 남편의 시각, 말과 행동이 달라졌다. 아이들을 재운 후 늦은 밤, 집에 필요한 물건을 온라인으로 쇼핑하고 있으면 남편이 말한다. "아휴, 왜 야근하고 그래. 쉴 때는 같이 쉬어야지." 얼마 전 평일에 내 일정이 생겨 남편이 월차를 쓰고 아이들을 맡았는데 혼자서 김장까지 담가놓았다. 허리가 아프다고 누워서는 "김치 한번 먹어봐" 한다. 먹어보니 심지어 맛있다. 남편은 육아와 가사를 '돕는' 사람이 아닌 적극적으로 '하는' 사람이 되었다.

일하고 들어온 남편을 향해 "우리집 기둥, 돈 버느라 힘들었지?" 하며 고된 하루를 위로하면 "우리집 기둥은 당신이지. 내가 없으면 대출이라도 받으면 되지만 당신이 없으면 애들은 어쩌냐" 하며 내 노동에 적극적인 지지를 보낸다. 또 '마누라'라는 말을 불편하게 생각하는 나를 예민하고 이상한 사람 취급하던 남편은 이제 남들에게 내 이야기를 할 때 '아내'라고 부른다. 본인 휴대폰에 내 이름을 '내 안에'라고 저장해 놓았는데, 왜 '아내'가 아니라 '안에'냐고 물으니 자기 마음속에 살고 있는 사람이어서 그렇단다. 고작세 음절인 '내 안에'는 생각만으로도 웃음이 난다. 나는 이보다 더 좋은 신조어를 들어본 적이 없다. '안에'라는 말이 생긴 이후, '마누라'일 때보다 훨씬 더 존중받는 기분이다.

나는 "한국 남자는 다 똑같아. 비혼, 비출산이 답이야"라는 말에 동의하지 않는다. 남자라고 다 똑같지 않다. 차려주는 밥만 먹는 남자와 요리하는 남자는 다르고, 돈 버는 유세를 떠는 남자와 돌봄의 가치를 인정하는 남자는 많이 다르다. 또 같은 남자라고 해도 시종일관 똑같지도 않다.

"당신이 페미니스트야 뭐야? 페미니즘이 왜 필요해. 요즘 세상에 가부장적인 남자가 어디 있다고." 이렇게 말하던 남편은 이제 더 이상 그때 그 사람이 아니다. 자신을 방어하고 나를 공격하던 남편은 스스로 페미니즘 책을 펼쳐들고 여성문제에 관심을 갖기 시작했다. 그렇게 나의 목소리에 귀 기울이고, 페미니즘에 대한 이해를 넓히면서 많은 것이 달라졌다. 둘째를 낳고 싶다 말하는 남자 후배에게 "아내랑 충분히 상의해봤어? 네가 아무리 둘째를 원해도 출산은 여자가 선택할 문제야"라고 말할 정도로.

하지만 집안에서 이룬 성과는 또 다른 과제를 남겼다. 나와 남편의 모습을 지켜보는 집밖의 사람들은 여전히 우리 부부를 동등한 관계로 보지 않는다. 나는 "이런 남편이 어디 있어" "남편한테 진짜 잘해야겠다" "남편이 가정적이라 좋겠다"라는 말을 자주 듣는다. 남편은 어딜 가나 "대단하다"는 소리를 듣는다. 나와 남편을 향한 사회적 시선은 여전히 기울어져 있다. 아내가 남편을 챙기는 것은 당연해서 '애부가'나 '가정적인 아내'라는 말은 없다. 대신 남편은 아내를 조금만 챙겨도 '애처가' '가정적인 남편'이라며 박수를 받는다. 이상한 세상이다.

남편이 대단하다는 사람들에게 외치고 싶다.

"남편이 대단하다니요? 남편이 '대단한 사람'이라는 소리를 들을 만큼 성장할 동안 포기하지 않고 계속 싸워주는 게 얼마나 어려웠는데요! 남편은 스스로 성장하지 않았습니다. 저의 수고를 지우지 마세요!"

04

여자들의 서재

류원정

학생들과 함께 책을 읽는 것이 가장 보람 있는 국어교사.
임신, 출산, 육아를 차례로 겪으며
여자로서의 삶을 다시 생각하게 되었다.

여자인 내가,
엄마인 내가,
아내인 내가
이런 걸 가져도 되는 거야?

남편을 위한 서재

신혼 때는 작은 방 세 개가 있는 집에서 살았다. 나는 집에 당연히 남자를 위한 서재가 있어야 한다고 생각했다. 그래서 방 세 개를 안방, 옷방, 서재로 꾸몄다. 하지만 남편은 큰 책장에 열 권 남짓한 책만 꽂아두었다. 누군가 집에 오면 남편 서재가 이렇게 멋지다는 걸 보여주고 싶어서 남편에게 책을 더 가져다놓고 서재를 꾸미라고 했다. 그러나 남편은 서재에 별 관심이 없었다. 할 수 없이 내가 책상과 바퀴가 달린 의자를 놓고, 책장에는 내 책을 가득 꽂았다. 남편이 원하지 않는, 남편을 위한 서재가 그렇게 완성되었다.

집에는 당연히 남편만의 공간이 있어야 한다고, 그리

고 그 공간은 반드시 서재여야 한다고 생각했다. 남편은 책을 즐겨 읽고 집안에서 지적으로 가장 뛰어나야 하며, 그것으로 자식들 앞에서 권위를 세울 수 있어야 한다고 생각했다. 비록 남편이 책을 좋아하지 않더라도 말이다. 내 주변 사람들의 집에는 다 남편의 서재가 있어서 나는 그것을 자연스럽게 여겼다.

나는 살면서 누군가에게 존중받은 경험이 많지 않다. 누군가를 배려하는 일에는 익숙하지만, 내가 존중받고 배려받는 일은 힘들 정도로 어색하고 불편하다. 그래서 내 부모님이 그랬던 것처럼 나도 남편의 권위를 바랐다. 늘 하던 대로 누군가의 권위에 복종하는 것이 편했기 때문이다.

하지만 남편은 권위를 모르는 사람이었다. 지나치게 날 위하는 모습을 보며 나는 혼란스러웠다. 남편은 항상 내 의견을 물었고, 해달라는 것을 기억했고, 하지 말라는 것은 절대 하지 않았다. 쇼핑을 할 때면 내 것을 산 뒤에야 자기 것을 샀다. 애써 서재를 꾸며주었는데도 그 공간을 나에게 쓰라고 했다. 남편이 내 의견을 구하고 많은 것을 양보하는 이런 상황이 낯설고 불편했다.

모든 면에서 나보다 뛰어난 사람과 결혼해서 그에게 의지하며 살고 싶었다. 멋진 일이든 훌륭한 생각이든 남편이 먼저 해주기를 바랐고 나는 그저 따라가고 싶었다. 무엇이든 내가 할 생각은 하지 않았다. 요리와 집안일 외에는 내가 더 잘하는 일이 있어서는 안 된다고 생각했다. 그러다 보니 나를 지도하거나 이끌지 않고 동등하게 대하는 남편이 무능하게 느껴졌다. 다른 부부들도 다 그렇게 산다고 생각했다. 남자가 이끌고 여자는 뒷받침하며 따라가는 삶. 내가 생각하는 자연스러움은 그런 것이었기에, 결혼 후 내 삶은 부자연스럽기만 했다.

여자의 공간을 처음으로 만나다

남편과의 관계에서 찾지 못한 행복을 밖에서 찾으려고 애썼다. 사회생활을 하며 맺은 인연들에 집중했다. 자신이 원하는 대로 살아가려고 노력하는 사람들을 종종 만났다. 그들과 많은 대화를 나누고 교류하면서 다양한 삶의 모습이 존재한다는 것을 점차 깨닫게 되었다. 내가 옳다고 믿는 것만 계속 고집할 필요가 없었다. 이해하기 어려운 것을 피하지 않고 마주할 용기가 생겼다. 내 삶도 새롭게 발견하기 시작했다.

　어느 날 직접 지은 집에 사는 선생님 댁을 방문하게 되었다. 집주인이 집을 구경시켜 주면서 어느 방을 '아내의 방'이라고 소개했다. '아내 방이 따로 있다고? 부부가 각자 방을 가질 수 있나?'라는 생각이 들었다. 모임이 끝나고 집에 돌아와서도 '아내의 방'이 계속 생각났다.

아내 분의 초대로 다시 그 집을 방문하게 되었다. 마당에는 여름풀이 가득했고 나뭇잎도 무성했다. 높은 지대에 있는 집은 초저녁부터 시원한 기운이 돌았다. 함께 저녁을 지어 먹고 집 주변을 산책했다. 그녀가 기르는 고양이가 우리를 멀리서 지켜보며 따라왔다.

그녀의 방에 모여 앉아 이야기를 나누고 그녀가 읽는 책을 구경했다. 옷장과 책장 옆에 쌓인 책들을 하나씩 펴보고 책상 위에 펼쳐진 책도 살펴보았다. 요즘 읽고 있는 것으로 보이는 책에는 간략한 메모와 자를 대고 반듯하게 그은 밑줄이 군데군데 있었다. 창문 밖에는 툇마루가 있었고 시원한 바람이 불어왔다. 그녀의 방과 툇마루가 좋아 그곳에서 뒹굴며 이야기를 나누었다.

결혼한 여자 지인의 집에 놀러가는 것은 늘 어렵고 불편했다. 아이의 친구 집에 가는 것보다 명분이 없고 눈치가 보이는 일이다. 초대를 받아서 가도 머물 공간은 주방의 식탁 의자나 거실의 소파뿐이었다. 무엇보다 다른 식구들이 왔다 갔다 하는 공개된 자리에서 오래 이야기를 나누기는 어려웠다. 그의 삶을 궁금해하면 결혼 앨범이나 아기 앨범을 보여주는 게 전부였다. 그러나 그녀의 서재에서는 누워서 편안하게 책을 읽고 이야기를 나눌 수 있었다. 그것은 나에게 무척 특별한 경험이었다.

내게 삶은 모방하는 일의 연속이었다. 다른 사람들이 어떻게 살아가는지 살피면서 나도 비슷하게 살아야 한다고 생각했다. 결혼 이후에는 부모님이 살아온 모습을 닮으려고 노력했다. 정확하게 말하면, 거기에 드라마에 나오는 가족의 모습까지 더해서 닮으려고 노력했다. 부모님에게는 각자의 공간이 없었고, 그래서 그게 당연한 거라고 생각했다.

집을 떠나 대학교에 갔을 때에도, 직장을 얻어 일을 할 때에도 꼭 룸메이트를 구해서 함께 살려고 했다. 퇴근 후에는 부모님과 언니에게 전화를 해서 잠들기 전까지 계속 연락을 주고받았다. 혼자 사는 것이 편하다고 생각한 적은 없었다. 혼자서 결정해야 하는 일이 생기면 귀찮고 부담스러웠고 불안했다.

그녀의 서재를 보고 복잡한 마음이 든 것은 이렇듯 줄곧 내가 누군가를 모방하면서 의존적으로만 살아왔기 때문일지도 모르겠다. 그녀의 집에서 돌아온 후, 나도 집 안 적당한 곳에 내 서재를 꾸며보면 어떨까 상상하기 시작했다. 마음에 드는 책장과 책상을 구해서 가끔 들어가 앉아있고 싶다고 생각했다.

서재를 만들 용기, 여자가

원하던 집으로 이사를 하게 되었다. 도심에서는 더 멀어졌
지만 집 구조와 방 개수가 우리 부부가 생각하던 바에 잘
맞았다. 이사 전에 집을 둘러보며 어떻게 공간을 이용할 것
인지 남편과 상의했다. 나는 내 방을 만들고 싶다고 했다.
"안방이 있는데 왜?"라고 할 줄 알았는데, 나에게 방이 필
요해 보였다며 방을 잘 꾸며보라고 했다. 남편은 이번에도
자기 방은 필요 없다고 했다. 자신은 안방과 거실 소파로 충
분하다는 것이 이유였다. 하지만 나만 방을 차지하는 것도
미안해서 남편을 설득했다.

우리는 옷방이나 서재를 따로 두지 않고 각자 원하는
공간을 만들기로 했다. 각자 필요하다고 생각하는 가구와
물건을 들여놓고 정리했다. 부엌과 거실은 공적인 공간으로
정하고 가구를 최소한으로 두었다. 내 방에는 책장, 책상,
의자만 두었다. 창문에는 아이보리색 커튼을 달고 500권 정
도 되는 책들을 가지런히 꽂았다. 책상 위에는 스탠드와 컴
퓨터, 스피커 등을 올려놓았다.

사실 서재를 만드는 일은 쉽지 않았다. 내 집에 내 서
재를 만드는 일인데도 끊임없이 자책했다. 서재를 욕망하는
나 자신을 이해하기 위해 오랜 시간 고민해야 했다. 내가 이

류
원
정

상한 사람일까 의심하며 주변 사람들을 의식했다. 이상해 보이지 않으려고 애썼다. 여자가 집 안에 따로 공간을 갖는 다는 것 자체가 나에게도 낯선 일이었다. 내 공간을 갖고 싶은 욕망을 인정하기까지 수많은 통념들과 싸워야 했다.

한국사회는 서재보다는 부엌과 안방 같은 공간을 여성과 연결시켜 생각한다. 새로 짓는 아파트를 홍보할 때, 부엌의 세련된 모습과 넉넉한 수납공간을 자랑하며 여자의 취향을 고려했다고 표현한다. 부엌에 들어가 음식을 만드는 것은 먹고 살려면 누구나 해야 하는 일이고, 수납공간에 물건을 정리하는 것도 그렇다. 그런데도 요리나 청소와 같은 일들이 여자만의 일이라고 공간을 통해 미리 규정한다.

드라마 속 여자는 책을 읽지 않는다. 젊어서 온갖 고생을 다 하고 여유가 생긴 중년여성 캐릭터들이 가끔 멋없는 안경을 쓰고 책 읽는 장면이 잠시 나올 뿐이다. 여자는 늘 안방 침대 옆 한구석에 앉아있다. 안방에는 텔레비전과 화장품이 놓인 화장대가 있다. 남자 주인공이 고급스러운 서재를 배경으로 앉아있는 모습과는 많이 다르다. 이런 사회적 분위기 속에서는, 여자는 안방에서 화장이나 피부 관리를 하고, 남자는 서재에서 지적 능력을 키운다는 생각을 자연스럽게 하게 될 것이다.

과연 책은 누가 더 많이 읽을까? 실제로 남자가 여자

보다 책을 더 좋아할까? 확인하기 어렵지만 확실한 것은, 남자에게 책 읽을 시간이 더 많다는 점이다. 육아와 집안일 모두 여자의 몫이기 때문이다. 책 읽을 시간이 없다는 엄마들의 이야기는 슬프지만 사실이다. 나 또한 하루 종일 쉴 틈이 없고, 시간이 나도 체력이 따라주지 않아서 책 읽을 힘이 없을 때가 많았다.

이 사회는 여자에게 육아와 집안일을 열심히 배우고 익히라고 가르쳐왔다. 요즘도 여자에게 권하는 책은 요리나 살림 관련 서적, 육아 서적이 대부분이다. 나도 결혼을 하고 엄마가 되자 그런 책을 우선적으로 읽어야 한다는 압박감을 느꼈다. 주변 사람들과 책 이야기를 할 기회도 거의 없었다. 책은 남편이나 아이가 읽는 것이라고 말하는 사람들도 많았다. 내 공간과 시간을 챙기며, 책도 읽고 글도 쓰려고 애쓰는 나를 오히려 이상하게 생각했다.

그러나 인간에게 혼자 있을 수 있는 공간은 몹시 중요하다. 혼자 있을 때와 누군가와 함께 있을 때는 분명 다르다. 사람은 공적인 공간에 머무는 시간이 길수록 자기만의 고유한 특성을 잃어간다. 다른 사람들을 의식하면서 온전한 나로 존재하기는 어렵기 때문이다.

여자에게도 자기만의 공간이 필요하다. 꼭 독립된 방이 아니라도 좋다. 자신이 원하는 것을 할 수 있는, 자기 자

신으로 존재할 수 있는 공간이면 된다. 나의 경우에는 서재
가 바로 그런 공간이다. 책을 읽고 글도 쓰면서 온전히 나
자신으로 존재할 수 있는 공간. 내가 생각하고 미래를 꿈꾸
는 사람이라는 것을 확인할 수 있는 공간. 나는 잘 꾸며진
부엌이나 옷방 대신 읽고 생각하고 기록할 수 있는 책상과
의자를 원한다.

내 서재에서 나를 찾아가다

아이가 태어나자 나는 무한한 책임감을 느꼈다. 삶에서 아
이의 존재감이 점점 커져갔다. 긴 시간을 함께하는 동안 아
이는 내 인내심을 밑바닥까지 탈탈 털어냈다. 아이를 보며
종종 한숨을 쉬었다. 그럴 때마다 내가 너무한 것 같아 미안
한 마음도 함께 솟아났다.

　　안방은 아이의 공간이 되었다. 안방에서 아이를 보호
하며 함께 생활해야 했다. 창문에는 빛을 조절하고 추위를
막을 수 있는 두꺼운 암막 커튼을 달았다. 전자식 온도계,
공기청정기, 가습기 등으로 방안 상태를 확인하고 조절했
다. 침대는 매트리스만 남겼고, 비어있는 자리에는 요를 깔
았다. 아이가 잠을 자면 깰까 조심스러워 안방에는 들어가

지도 않았다. 안방 한구석에 있는 화장대 근처에는 가지도 못하고 부엌에 스킨과 수분크림을 두고 썼다.

밥을 먹거나 화장실에 가는 것도 쉽지 않았고, 뭔가 잠시 생각하기도 어려웠다. 단 5분만이라도 가만히 앉아서 생각을 하고 싶었다. 책을 읽거나 음악을 듣는 일은 꿈도 꾸지 못했다. 아이와 나 둘만 있는 조용한 집이었지만 늘 주의를 기울여야 해서 긴장감이 흘렀다. 어떤 일이 일어날지 늘 대비하고 준비해야 했다. 사랑스러운 아이와 지내는 시간은 행복하면서도 우울했다. 집안에 고립된 채 몸과 마음은 지쳐갔다.

결혼을 하고 육아를 하고 생활에 매몰되어 존재감이 사라져갔던 선배들이 생각났다. 그들의 모습을 안타까워하면서 나는 그렇게 되고 싶지 않다고 생각했었다. 결혼을 했다는 이유로 배제되고 제한되는 삶에 갇히고 싶지 않았다. 결혼을 하고 육아를 하며 살아도 나는 여전히 사람이라고 이야기하고 싶었다. 그 이야기를 다른 누군가가 아닌 나 자신에게 먼저 해야 했다. 스스로 정체성을 지워야 그나마 조금 편안하던 삶 가운데, 나는 이미 흔들리고 있었으므로.

얼른 책을 읽고 글을 쓰고 싶었다. 그러나 아기를 돌보면서 내가 할 수 있는 일은 텔레비전을 보는 것 정도였다. 책은 꺼내들기가 무섭게 아이가 구기거나 입으로 가져갔다.

아이를 돌볼 때는 책을 바라봐야만 했다. 아이가 자라면서 조금씩 여유가 생겼지만 해야 할 일들에 비해 시간이 늘 부족했다. 어떻게 책을 읽을 수 있을까 궁리하다가, 결국 내가 해오던 여러 일들을 포기하고 시간을 확보하기로 했다.

책 읽을 시간을 만들기 위해 화장을 하지 않기 시작했다. 쇼핑은 원래 잘 하지 않아서 예전 옷을 꺼내 입으면 됐다. 점점 편한 옷을 찾아 입다 보니 겉모습이 초라해지는 것 같았다. 외식보다는 집에서 간단하게 만들어 먹는 편이 시간이 덜 걸렸다. 사람들과 만나야 할 일이 있더라도 꼭 가야 하는 곳에만 갔다. 그렇게 만든 시간에 내 서재에 들어갔다. 내가 읽은 책들이 꽂힌 책장과 직접 고른 책상, 의자가 있는 곳. 그곳에서 책을 읽고 글을 쓰고 공부를 했다.

무언가가 변하면 그것을 따라 변화하는 것들이 있다. 서재에서 하는 일들이 새로운 일로 이어졌다. 하루 한 시간이라도 책을 고르고 책을 읽는 일이 즐거웠다. 육아를 하며 관리하지 못하던 블로그에 다시 책 후기를 올리고 사람들과 소통했다. 아이를 돌보며 머릿속에 생각을 정리했다가 깊은 밤 서재에 홀로 앉아 글을 썼다. 아이에 대한 글도 쓰고, 세상일에 대한 생각도 기록했다.

이제는 새로운 일에 대한 꿈도 꾸고, 내 미래에 대해 진지하게 고민도 한다. 밤늦은 시간에 라디오를 자주 듣다

보니 디제이들도 친근하다. 새벽에 갑자기 잠에서 깨면 방황하지 않고 조용히 서재로 들어간다. 육아를 하며 나를 잃었다고 생각했는데, 이곳에서 새로운 나를 찾아가고 있다.

온전한 나로 존재하기를

시간이 지날수록 서재에 가는 시간이 일정해졌다. 서재에서 보내는 시간이 많아지자, 방을 더 멋지게 꾸밀 궁리를 하게 되었다. 공간에 생기를 불어넣고 싶었다. 잘 보이는 곳에 좋아하는 사진엽서와 글귀를 적어서 붙여두었다. 자주 들어가 청소를 했다. 며칠만 지나면 책상 위에 책과 물건이 쌓이고 책장 구석구석에는 먼지가 꼈다. 언제 갖고 들어왔는지도 기억나지 않는 아이 장난감을 제자리에 갖다 두고, 다 읽은 책들을 정리했다. 공간을 살아있게 하려면 그 공간에 자주 드나들어야 한다. 아무것도 하지 않으면 아무 일도 일어나지 않는다.

관리를 해야 하고 냉난방비도 드는 방이 하나 늘어서 부담도 된다. 하지만 그 공간이 주는 안식은 그것을 넘어설 만큼 크다. 내 서재가 있다는 사실만으로 느끼는 든든함이 있다. 남편과 다투고 덩그러니 거실에 혼자 앉아있을 때와는 다르다. 분한 마음이 차오를 때 서재에 잠시 들어가 마음을 다독인다. 내 책, 내가 적어놓은 문구, 내가 고른 사진으로 둘러싸인 공간에 들어서는 순간, 그 익숙함에 마음이 놓인다. 오랫동안 함께해온 물건들이 보내는 고요한 응원을 마음으로 느끼는 것이다. 나라는 존재, 나라는 삶에 대한 응원이다.

비슷해 보여도 삶은 제각기 다르다. 고민도, 바라는 것도 다 다르다. 그러나 한국사회는 사는 모습이 다양하다고 이야기하면서도 여자들의 삶을 획일적으로 규정한다. 거기에 익숙해지면 여자들도 규정된 삶에 자신을 끼워 맞추려고 애쓰게 된다. 그와 다른 삶을 살게 되면, 자신이 부족하거나 잘못된 것이라 여기며 수없이 반성하고 자책한다.

이 사회는 여자들의 삶에 대해 무지하고 무관심하다. 공간에 대해서도 마찬가지다. 아직도 많은 사람들이 여자는 공적인 공간에서 사회적인 이슈를 이야기하기보다, 마트에서 물건 값을 고민할 것이라고 상상한다. 집에서도 여자의 자리는 부엌이나 화장대 앞만을 생각한다. 여자가 책을 읽거나 중요한 자리에서 토론을 하는 모습을 쉽게 상상하지 못한다.

안방에 널브러져 편안히 쉬는 모습조차도 남편이나 아이에게는 자연스럽지만 여자에게는 어색하다. 집안일은 여자가 책임져야 한다고 사회가 기대하기 때문이다. 같은 인간이어도 여자만이 또 다른 인간을 보조하는 의무를 지닌 것처럼 이야기한다. 여자에게는 집 안에 좀 더 머무르기를 기대한다. 물론 집에 있으라는 말이 집에서 하고 싶은 일을 하면서 쉬라는 뜻이 아니다.

나는 가족을 사랑하지만 또한 나로서 살아가는 삶을 욕망한다. 나 자신으로 사는 것, 독립적이고 주체적으로 사는 것, 말은 멋지지만 실제로 이루기는 어렵다. 수동적인 삶에서 벗어나려면 스스로 깨달아야 한다. 지금까지의 삶을 부정할 수도 있기에 힘든 길이다. 하지만 한 인간으로서 존중받기 위해서 꼭 필요한 과정이다.

집 안에 내 공간을 만들어가면서 나는 전보다 자유로워졌다. '여자인 내가, 엄마인 내가, 아내인 내가 이런 걸 가져도 되는 거야?'라고 속으로 되뇌던 의심이 사라졌다. 내가 생각하고 바라는 것으로 공간을 채운다는 것의 의미를 깨달았다. 공간은 지금 내 삶과 내 모습 그 자체. 나에게 가장 가까운 현실이자, 내가 딛고 서서 머무는 곳이다. 나는 서재를 갖게 되면서 이전보다 더 현실적인 사람이 되어 내 삶을 직시하고 있다.

05

비육아체질

이예송

히말라야에 오를 정도로 체력은 자신 있었는데,
출산과 육아에 뒤통수를 맞았다.
침몰하지 않기 위해 글쓰기를 시작한 새내기 엄마.

솔직하게 말하면, 수면 부족이나
육아 스트레스로 인한 우울감을 호소하는
이야기를 듣고는 나약하다 생각했다. "사실 다
마음먹기 나름 아닌가? 본인이 긍정적으로
받아들이면 될 텐데 안타깝네."

엄마 준비

어릴 적엔 종족 번식 본능이 넘쳐났다. 열한 명쯤 낳아 축구단을 만들고 싶다 노래를 불렀다. 20대 중반엔 비혼주의자였다. 아침밥 먹다 말고 "정자은행으로 '아이만' 낳겠다"고 말했다. 얼굴 옆으로 숟가락이 날아갔다. 결혼은 싫었지만, 나를 닮은 아이는 낳고 싶었다. 과거의 나는 무식해서 용감했다. 그때는 알지 못했다. 축구단은커녕 단 한 명으로도 감당하기 어려운 '육아폭풍'이 온다는 것을. 아기는 심각하게 무능하고 신생아 육아의 8할은 엄마 몫이라는 것도.

한때 비혼주의자였지만 결국 결혼을 했다. 이직 준비 중이던 어느 날, 김대중 전 대통령 꿈을 꿨다. 두말할 것 없이 로또 꿈이라 확신했다. 결혼 후 첫 명절이라 남편 큰집에 갈 예정이었다. 남편을 쿡쿡 찔러 시부모님까지 앞세워 시내 로또 가게에 들렀다. 5천 원 당첨이었다. 대통령 꿈 별거 없다며 실망한 와중에 생리가 없는 날이 이어졌다. 당첨이었다. 임신 당첨. 그렇게 나의 삶을 송두리째 바꾼 잭팟이 터졌다.

아이를 갖고 보니 임신과 출산, 그리고 육아에 대해 아는 것이 거의 없었다. 각종 매체에서 접한 정보가 전부였다. 입덧 좀 하다 보면 배가 불러오고, 몸이 버거워진다 싶을 즈음 어마어마한 고통과 함께 '짠' 하고 아기가 태어나는 줄 알았다. 뒤늦게 남들처럼 '좋은 엄마'가 되기 위한 공부를 시작했다. 유명하다는 육아 책을 읽고 태교 관련 정보를 검색했다. 다큐멘터리와 육아 관련 영상도 섭렵했다. 모유수유 하는 법과 수면교육, 신생아 건강 관리와 이유식 레시피 등을 머릿속에 꾹꾹 눌러 담았다. 좋은 엄마가 되기 위해서는 아이를 잘 키울 수 있는 준비만 하면 된다고 생각했다. 출산 후 닥쳐올 혼란의 핵심을 놓치고, 육아 지식과 산후조리만 고민했다. 당시 나는 '엄마'라는 새로운 정체성을 수용할 마음의 준비가 필요하다는 것을 간과했다. 아이는 침대에 누워 모빌을 보며 방긋 웃어주는 존재가 아니었다. '엄마 껌딱지'라는 말도 과장이 아니었다. 내게 정말 필요했던 것은, 24시간 내내 아기만을 위해 살 각오였다.

수술해주세요

모성이 심판대에 서는 첫 관문은 '자연분만'이다. 예정일 2주 전 새벽, 왈칵 하는 느낌과 함께 하반신이 축축해지면서 양수가 터졌다. 하던 일을 마무리 지은 지 이틀 만이었다. 첫애는 대체로 예정일보다 늦게 나온다는 말을 믿은 것이 실수였다. 슬슬 출산 준비를 시작해볼까 하던 차에 덜컥 결전의 날이 찾아왔다. 양수가 터지면 방송에서 본 것처럼, 엄청난 진통에 몸을 부들부들 떨며 배를 부여잡고 피를 뚝뚝 흘리면서 "아이 아빠한테 연락해요!" 하며 실려 가는 극적인 상황이 펼쳐지리라 상상하기도 했다. 하지만 현실은 달랐다. 양수가 터져도 48시간 안에만 출산하면 된다. 누구는 햄버거를 먹었다, 삼겹살을 구워 먹고 출산하러 갔다는 등의 얘기를 들어온 터라 맘이 급하진 않았다.

미적지근한 물을 슥슥 닦아내고 패드를 대고는 남편을 깨웠다. 남편이 준비를 하는 동안 병원에 전화를 걸었다. "양수가 아닐 수도 있어요. 와서 검사 먼저 받아보세요." 간호사의 반응은 시큰둥했다. 햄버거가 당겼지만 새벽 다섯 시가 겨우 넘는 시간이라 구하긴 어려웠다. 요거트로 허기를 달래고 출산 준비물을 가방 안에 대충 집어넣었다. 그렇게 집을 나섰고, 20일이 지나서야 돌아올 수 있었다. 병원과 조리원에서 집으로 돌아오기까지는 생명 탄생의 감동과 출산의 고난이 엉킨 긴 여행 같았다. 모든 것이 낯선 하루들이 이어졌다.

나는 응급 제왕절개를 했다. 돌이켜보면, 주변에서 자연분만의 위대함과 수술 시 부작용, 그리고 아이의 정서적 충만함에 대해 마르고 닳도록 읊조릴 때에도 큰 감흥은 없었다. 출산은 육아라는 거대한 서사의 출발점이다. 그 출발선에서부터 미친 듯이 참아내며 '내가 널 위해 이렇게까지 버텼다'는 희생의 깃발을 휘날릴 생각은 전혀 없었다. 그럼에도 나는 30시간을 진통했다.

병원에 도착해서 진통을 체크하고 기다리기를 하염없이 반복하다 저녁식사로 꿈에 그리던 햄버거를 먹었다. 마지막 여유였다. "양막 좀 터뜨릴게요." 간호사의 손이 자궁 내부를 휘젓다가 멈췄다. 아마 양수가 덜 나온 것 같다고 생각하는 와중에 아랫배 통증과 함께 물이 한차례 더 쏟아졌다. "이제 진통이 올 거예요." 간호사는 임무를 완수했다는 듯 유유히 사라졌다. 그때부터 극심한 통증이 시작됐다. 통증은 심해지는데, 자궁문은 2센티미터에서 더 열리지 않았다. 통증으로 호흡이 어려워지면서 공포감이 밀려왔다. 무통주사를 요청했다. 잠깐 숨은 쉴 수 있었지만 효과는 길지 않았다. 두 번째 무통주사 이후 아이 심장박동 수가 떨어졌다. 통증은 점점 강해졌지만 더는 맞을 수 없었다. 내진 시간이 다가오면 자궁문이 조금은 더 열렸겠지 하는 희망을 가졌다. 그러나 몇 시간이 지나도 2센티미터 그대로였다.

절망적인 시간이 이어졌다. 배가 찢기는 듯한 고통에 굼벵이처럼 돌돌 말린 몸을 펴지도 못하겠는데, 진통 체크를 해야 한다며 자꾸 똑바로 눕히는 간호사에게 짜증이 치밀었다. 뭐라도 해달라는 애원에 다시 진통제가 처방됐다. 무통주사의 단맛을 알아버린 후라 진통제 정도로는 간에 기별도 가지 않았다. 간간이 옆 병실에서는 출산 직전의 찢어지는 비명이 울려 퍼졌다. 시간이 지날수록 그 비명마저 부러웠다. 26시간 경과에도 자궁문은 견고했다. 어떻게든 자연적으로 낳아보자던 의사도 대안을 찾는 듯했다. 촉진제를 맞으면 얼마 만에 낳을 수 있냐고 물으니 "사람에 따라 다른데 보통 열 시간 안에는 낳아요. 안 들으면 수술해야 할 수도 있지만…"이라고 했다. 무통주사도 진통제도 듣지 않는 와중에 앞으로 열 시간이란 말에 눈앞이 캄캄했다.

"수술해주세요."

동의해주겠다던 남편은 갑자기 자연분만이 산후 회복

에 더 좋은 몇 가지 이유를 나열하며 슬쩍 만류했다. 내가 듣지 않자 부모님들께 연락해본 후 결정하자고 했다. 엄마는 48시간 진통 후에 자연분만으로 나를 낳은 사람이었다. 버텨보라 할 것이 분명했다.

"수술 동의서 작성하고 결정한 뒤에 통보하자. 어차피 낳는 건 나야."

내가 수술을 결심하니 남편이 분주해졌다. "장모님이 아이를 위해 조금 더 버텨보라고…." 아니나 다를까 엄마에게 모성의 시작은 자연분만이었다. 내 모성은 아직 뱃속에 잠들어 있었다. 야속함을 느끼기도 전에 다시 통증이 이어졌다. 남편은 응급 수술을 위해 일정을 조율했다. 수술만 선택하면 바로 이 고통에서 해방될 거란 기대가 충족되지 않자 통증이 더욱 강하게 느껴졌다. "언제 수술 가능해요?" 수술을 선택하고도 네 시간을 더 진통했다. 더 아파할 기운도 없어 눈물만 줄줄 흘리고 있을 무렵, 침대가 수술실을 향했다. 하반신 마취만 한 채 분만 수술에 들어갔다. 피로와 고통에 찌들어 머릿속에는 이제 끝이란 생각만 가득했다.

"으앙!" 멍한 정신을 깨고 아이의 울음소리가 들렸다. 간호사들이 분주했다. 쭈글쭈글한 생명체가 갑자기 눈앞에 나타났다. 무슨 말을 건네야 할지 생각이 나지 않았다. 아기를 만나면 사랑한다 말해주겠다고 생각했는데, 간호사들이 지켜보고 있는 와중에 입이 떨어지지 않았다. "안녕, 반가워. 너 참 예쁘다." 갑자기 세상에 꺼내진 아기는 꾸벅꾸벅 졸며 엄마와 처음 만났다. 아기의 생년월일을 읊는 간호사의 목소리가 아득해지며 마취약이 퍼졌다. 잠에서 깨어보니, 나는 엄마가 되어 있었다.

밥 젖젖, 간식 젖젖

출산으로 덜걱거리는 몸을 추스르기도 전에 '모유수유'란 두 번째 관문이 등장했다. 출산만 끝나면 수월할 거라 기대했으나 모유수유의 고통은 예상 밖의 복병이었다. 임신 중 모유수유를 할지, 하게 되면 얼마나 오래 할지 고민했다. 선택권이 내게 있다는 생각은 착각이었다. 눈도 뜨지 못한 신생아는 젖도 제힘으로 물지 못했다. 유두를 힘들게 입안으로 욱여넣어도 제대로 젖을 빨 줄 몰랐다. 굳어가는 자세를 몇십 분마다 고쳐 앉으며 수유를 했다.

수유 자세가 조금씩 편해질 무렵 무차별적인 흡입 공격이 시작됐다. 아직 빠는 힘을 조절할 줄 모르는 아이는 유두가 뽑힐 정도로 빨아댔다. 생전 처음 겪는 고통이었다. 유두가 감당하지 못해 피가 마를 새가 없었다. 그렇다고 수유를 멈출 수는 없었다. 매일 젖을 물려야 젖이 많이 돈다는 말에 약을 바르고 말리기를 반복하며 수유를 했다. 신생아실에서 수유콜(수유할 시간이 되었다는 전화)이 오면 식은땀이 흘렀다. 온 가슴에 퍼지는 고통에 아이를 붙잡아 내 몸에서 떼어버리고 싶은 충동을 억눌러야 했다.

푹 쉬는 줄만 알았던 조리원의 일정은 충격적이었다. '밥 젖젖, 간식 젖젖'이라는 말은 우스갯소리가 아니었다. 신생아는 두세 시간마다 젖을 먹었다. 밤수(밤에 젖을 물리는 것)를 하지 않았던 나는 자정 무렵에 마지막 수유를 마치고, 다음날 새벽 대여섯 시경 다시 수유를 시작했다. 젖을 빠는 것이 젖병을 빠는 것에 비해 몇십 배는 힘들다고 한다. 그래서인지 아이는 먹다 금세 지쳐 잠이 들었다. 30분에서 한 시간가량 먹고 잠들기를 반복했다. 여덟 시경 아침 식사를 하고, 아홉 시부터는 신생아실 청소 및 유대감 강화를 위해 모자동실을 했다. 그즈음 다시 수유. 이후 점심을 먹고 조금 숨을 돌리면, 또다시 수유. 간단한 육아 관련 프로그램을 하고 이어지는 저녁식사, 그리고 수유.

초반에는 젖이 만들어지는 양을 아이가 다 소화하지 못했다. 젖이 불어 양쪽 가슴이 돌처럼 땡땡하게 부었다. 소위 말하는 젖몸살이다. 돌덩이 같은 가슴에서 열이 났고, 심할 때는 온몸에서 열이 났다. 옷깃만 스쳐도 통증이 있어, 가슴을 훤히 드러내놓고 누워있기도 했다. 아이가 먹지 못하는 만큼 유축(젖을 짜내는 일)과 마사지를 병행해야 젖몸살을 피할 수 있었다. 그렇게 먹이고 짜내고를 반복하다 보면 내가 젖인지 젖이 나인지 모를 경지에 오른다.

이 시기 나의 가슴은 그저 젖이 나오는 살덩어리였다. 엄마의 인격보다는 아이의 밥이 중요했다. 산부인과 '굴욕 의자'에서 겪었던 감정이 다시 떠올랐다. 조리원에서는 언제라도 까라면 까야 했다. 출산을 한 지 며칠 만에 방구석 젖 먹이는 기계로 전락한 기분이었다. 내 삶은 순식간에 '아기'로 대체됐다. 출산과 함께 찾아오리라 기대했던 빛나는 모성과 희생정신은 바로 생기지 않았다.

나 또한 남들처럼 '엄마'라는 단계로 자연스럽게 진입할 줄 알았다. 아이를 사랑할 준비도 충분히 되어있다고 생각했다. 갑작스런 몸의 변화만큼이나 생활의 변화가 낯설었다. 앞으로 '나라는 존재'는 삭제되고 '엄마로서의 나'만 남겨질 것 같았다. 순간순간 두려움에 눈물이 터졌다. '좋은 엄마'라는 시험에 '낙제'라는 성적표를 받아 든 학생마냥 자책감이 쌓여갔다. 다시 집에 돌아올 때는 20여 일 된 신생아와 함께였다. 여행은 끝났고, 일상은 180도 달라졌다. 육아는 도망칠 수 없는 현실이었다.

왜 나만 이렇게 힘든 걸까

"으아앙!"

　　새벽 네 시. 아이 울음소리에 벌떡 몸을 일으켜 달려갔다. 젖을 물린 채 꾸벅꾸벅 졸다 보면 아이가 칭얼댄다. 아뿔싸, 아이 눈이 말똥말똥하다. 망했다. 잠이 깨어버린 아이를 배에 올리고 들었다 놨다를 반복한다. 남편이 출근하고 공복에 허기가 몰려왔다. 냉장고를 여니 이틀 전 사둔 샌드위치가 보였다. 한 손으로 아이를 안고 남은 한 손으로 입 안에 샌드위치를 밀어 넣었다. 30분쯤 지나자 배가 아파왔다. 샌드위치가 상한 듯했다. 아이가 잠들 기미는 보이지 않는데 통증의 빈도가 잦아졌다. 결국 아이를 보행기에 앉혀놓고 화장실로 달려갔다. 몇 분 뒤, 아이 울음소리가 비명으로 바뀐다. 겨우 5분도 되지 않아 부리나케 아이에게 돌아갔다. 그 사이 아이 옷은 물론이고 보행기와 바닥까지 토 범벅이 되어 있었다. 책으로 배운 육아와 현실 육아는 천지 차이였다.

　　독박육아에서 나를 가장 힘들게 한 것은 두 가지 측면이었다. 먼저, 육아는 노동집약의 끝판왕이었다. 신생아 육아에 개인의 자유는 없다. 4차 산업혁명이니, 블록체인이니 하는 시대에도 육아는 여전히 양육자의 순수 노동으로 이

이
예
송

루어진다. 아이가 울음을 그칠 때까지 끊임없이 안고 달래주는 육아 로봇은 아직 없다. 포대기가 '힙시트 아기띠'와 '전동 바운서'로 발전한 것이 전부다.

갓 태어난 아기는 심각하게 무능하다. 신생아는 20시간 넘게 잔다는데, 도대체 어디서 그 20시간을 충당하는지 이해할 수 없을 정도로 양육자에게 찰싹 붙어있었다. 밥을 먹을 때도, 화장실에 갈 때도 언제나 아이를 안고 있어야 했다. 아이는 잠이 든 후에도 내게 붙어있었다. 잠시라도 소파나 침대에 걸터앉으면 바로 깨서 울어댔다. 덕분에 종아리가 통통 붓도록 아이를 안고 집 안을 배회했다. 종일 집에 있어도 쉴 수 없었다. 그 와중에 자꾸 안아달라 보채는 아이는 '손탔다'며 욕을 먹었다. 열심히 안아준 엄마의 잘못이라고 했다.

둘째, 사회적 교류에 대한 상실감이었다. 초기 육아 시기에 엄마는 기본값이다. 산후조리란 명목으로 '엄마에게만' 주어지는 휴식기는 독박으로 이어진다. 도와주는 사람이 없으면 슈퍼조차 갈 수 없었다. 집보다 바깥에서 지내는 것을 더 좋아하던 내게는 큰 고문이었다. 외출보다 더 절실한 것은 '어른과의 대화'였다. 남편이 늦는 날이면, 온종일 "우와아" "끼야악" "아이고, 예뻐요"와 같은 감탄사나 "안녕, 반가워" "엄~마"와 같은 단순 단어만 쏟아내며 하루를 보냈다. 대답이 돌아오지 않는 아이라는 벽에 혼자 공을 던지고 받기를 반복했다. 아이와의 대화는 고독했다.

온종일 아이만 보니, 아이의 일거수일투족이 삶의 전부가 되었다. 이유식은 얼마나 먹었는지, 변의 색깔이나 무르기는 어떤지, 낮잠은 몇 시간이나 잤는지, 발달 과정에 맞는 교구나 장난감은 무엇인지 등에만 관심을 쏟게 되었다. 출산 전에는 남편과 밤새 사회문제를 논쟁할 정도로 정치나 사회에 관심이 많았다. 이제는 아이가 잠들면 '국민 걸음마 보조기'나 '제2기 이유식 레시피'를 검색하느라 바쁘다. 최저임금이나 부동산 경기 침체에 주의를 기울일 여유는 없었다.

지인들은 이런 나를 보며 "와, 너도 애 엄마 다 됐구나"라는 말을 던졌다. 도대체 한국사회에서 '애 엄마'의 지위는 어디쯤 있기에, 아이의 삶 말고는 무엇 하나 신경 쓸 수 없는 상황이 저렇게 가볍게 표현되는 걸까. 어제까지 자유롭게 살던 사람이 한순간에 일상의 자유를 빼앗겼다. 그럼에도 변화된 환경을 받아들이기까지의 어려움은 '엄마니까'라는 말로 통친다. 엄마는 아이만을 위해 살아야 한다, 엄마 시간은 없어도 된다, 다들 그렇게 해왔다, 엄마니까. 그렇게 나는 내가 속해있던 대부분의 사회적 관계에서 밀려났다.

백일 전후로 육아 스트레스는 한계에 다다랐다. 눈뜨는 순간부터 잠드는 순간까지, 나는 오직 아이만을 위해 존재하는 사람이었다. 주변에서는 '아기를 위해' 나를 걱정했다. 젖이 잘 나오게 하기 위해 밥을 잘 챙겨 먹어야 했고, 아기를 온화하게 대하기 위해 틈틈이 잠을 자야 했다. 시도 때도 없이 눈물이 뚝뚝 떨어졌다. 이러다가는 아이를 해코지하거나 내가 미치거나 둘 중 하나일 거란 생각까지 들었다.

시간이 지날수록 '왜 나만 이렇게 힘든 걸까'라는 의문이 생겼다. 자책성 질문이었다. 우리가 보고 자란 엄마처럼 나 또한 무난히 엄마가 되리라 믿었다. 아이를 잘 키우는 것이 '엄마의 미션'이라 생각했다. 그런데 이런 난관이 있을 거라고는 전혀 예상하지 못했다. 다시 말하자면, 나는 모두들 '무난히' 엄마가 된다고 생각했다. 그 과정에서 방황했다는 얘기는 들어보지 못했다. 좀 더 솔직하게 말하면, 수면 부족이나 육아 스트레스로 인한 우울감을 호소하는 이야기를 듣고는 나약하다 생각하기도 했다.

"사실 다 마음먹기 나름 아닌가? 본인이 긍정적으로 받아들이면 될 텐데 안타깝네."

지인이 외국에서 출산 후, 향수병과 산후우울증이 겹쳐서 친정 엄마에게 아기를 보내버렸다는 이야기를 들었다. 당시 나는 아이가 없었다. 임신 계획이 있었음에도, 엄마가 되자마자 닥쳐올 상황에 대한 이해가 전혀 없었다. 결국 나 자신이 같은 상황에 처하기 전까지 '나는 다르겠지'라며 허세를 부렸다. 나는 무지했다.

나 또한 아이와 단둘이 고립되면서 눈물과 자책의 시간을 보냈다. '내 아이를 혼자 못 돌보겠다, 도움이 필요하다'는 말을 꺼내는 건 지금껏 배워온 모성신화에 먹칠하는 일이었다. 그런 생각을 하는 스스로가 한심하고 무책임하게 느껴졌다. 문제는 여기에 있었다. '엄마 과도기의 고통'은 사회적으로 논의되기도 전에 '나약한 우는 소리'나 '호르몬 영향에 의한 산후우울증'으로 치부된다. 우리 엄마들은 다 그렇게 아이를 키워왔다며 비교한다. 누구나 다 하는 일, 심지어 신성하기까지 한 이 일을 힘들거나 못 하겠다고 말하는 건 학습된 금기이자 숨겨야 하는 열등감이었다.

우울증이 아니라 '엄마기'입니다

내가 알던 모성은 이런 것이 아니었다. 아이는 선물이고 축복이어야 했다. 매일 자라는 아이를 보며 사랑이 싹터야 했다. 언제나 따뜻하게 말을 걸고, 한없는 인내심으로 달래야 했다. 목숨도 내어줄 수 있는 희생정신과 일생을 다 바쳐서라도 행복하게 해주고픈 헌신적 마음이 샘솟아야 했다.

"엄마가 되고 나서 스스로의 무지에 대한 자책이 심했어요. 또 왜 아무도 '엄마가 되는 어려움'을 알려주지 않았는지 배신감이 너무 컸어요. 다들 어떠셨어요?"

글쓰기 모임에서 서로 조금씩 속내를 드러낼 무렵, 나의 치부를 조심스레 털어놓았다. 엄마답지 못하다거나 아이에 대한 사랑이 부족하다는 반응을 예상하며 이를 꽉 물었다. 놀랍게도 아무도 나의 감정 상태를 이상하게 여기지 않았다. 유난을 떤다는 비난도 없었다.

"그 시기에 저도 많이 힘들었어요. '엄마기'잖아요."

누군가 '엄마기'라는 말을 꺼냈다. 처음 듣는 단어였지만 정신이 번쩍 들었다. 청소년이 '사춘기'를 겪는 것처럼 엄마는 '엄마기'를 겪는다. 엄마가 되는 과정에서 정신적·사회적으로 큰 변화가 일어나며, 이때 불안이나 우울감을 느끼는 것은 자연스러운 현상이다. 이 시기의 감정 변화를 대변하는 말은 내가 알기로 '산후우울증'뿐이다. 출산 이후 85퍼센트의 여성이 우울감을 느낀다곤 하지만, 나의 복합적인 감정에 '산후우울'이라는 이름표를 달고 나니 납득도 치유도 되지 않았다. 상태만 악화될 뿐이었다. 그러던 중 만난 '엄마기'라는 말은 '환자, 비정상'이라는 늪에 빠져 허우적대던 나에게 큰 힘이 되었다.

제 몸만 챙기면 되던 인간이 아이를 돌보기 위해 갑자기 삶을 통째로 내어주어야 한다. 이 과정을 '엄마라면 당연하다'며 무조건 받아들이라는 것은 폭력적이다. 한 인간을 책임지기 위한 새로운 정체성을 완성하기까지는 어느 정도의 시간이 필요하다. "왜 나만 이렇게 힘든 걸까?"라는 질문에 "너만 힘든 것이 아니야. 엄마가 되어가는 과정에서 힘든 건 당연한 거야"라는 답이 간절했다. 문제는 나의 모성이 아니었다.

오해를 피하기 위해 이 말을 덧붙여야겠다. '엄마기'가 시작된다는 말은 아이와 관계를 맺고 있는 다른 많은 이들의 과도기도 함께 시작된다는 뜻이다. '엄마기'라는 말이 필요한 만큼 '아빠기'라는 말도 필요하다. 엄마 혼자 지나는 과정이어서는 안 된다.

나는 비육아체질이다

"남편이 자기는 육아체질이 아니라고 집안일만 하겠대요."

인터넷에서 이런 고민 글을 보았다. '육아가 적성에 맞지 않는다'는 말을 할 수 있는 당당함에 놀랐다. '어머, 남편분이 참 저 같네요'라고 댓글을 달 뻔했다. 나도 육아가 한

없이 어렵다. 그건 나뿐만은 아닐 것이다. 많은 엄마들이 처음부터 남편보다 육아를 잘해서 도맡는 것이 아닌데, 어느 순간 '더 잘하는 사람이 하는 것이 맞다'거나 '애가 엄마를 더 좋아한다'는 등의 이유와 함께 '주 양육자는 역시 엄마'라는 결론이 나버린다.

"육아 얘기에서 나는 다 빠졌네?"

이 글을 읽고 난 남편이 입을 열었다. 남편은 내 주위에서 손에 꼽힐 정도로 육아에 적극적이다. 사회생활을 하는 시간을 제하고는 거의 아이와 함께 시간을 보낸다. 그럼에도 아이와 많은 시간을 보낼 수 없어 아쉬워한다. 나 없이 남편 혼자 종일 아이를 돌보는 데도 전혀 문제가 없다.

하지만 의외로 많은 사람들이 아빠가 혼자 육아를 할 수 있다는 사실에 놀란다. 생각해보면, 나 또한 '서툴다'는 이유로 남편의 육아 기회를 빼앗은 적이 있다. 나도 처음부터 육아를 잘했던 것은 아니라고 분노하면서도, 남편이 육아에 숙련될 시간을 기다리지 못한 것이다. 이런 식이라면 독박이 더욱 견고해질 뿐이다.

놀랍게도 우리 아이를 가장 잘 돌보는 사람은 친정 아빠다. 어찌나 잘 놀아주는지 아이가 할아버지만 오면 온종일 생글생글 웃는다. 엄마는 남편의 재발견이라며 놀란다. 하지만 환갑이 지나고서야 숨겨진 아빠의 육아체질이 발현

되었을 리 없다. 정년 퇴임 후에 시간이 생긴 아빠는 딸의 SOS에 적극적으로 응했다. 처음에는 혼자 분유도 제대로 타지 못했고, 내가 잠시 외출이라도 하면 똥 폭탄이 터질까 전전긍긍했던 아빠다. 하지만 이제 온종일 아이와 단둘이 있어도 여유가 넘친다.

모성의 후광이 엄마를 가호해서 육아체질로 만들어주는 것이 아니다. 아이를 사랑하는 마음과는 별개로 육아는 단순노동이다. 그저 많이 하다 보면 어떻게든 잘하게 된다. 육아체질이란 없다.

06

아들과 함께
젠더 경계 허물기

유보미

아들을 낳고 젠더에 대해 고민하기 시작했다.
네 살 아들과 함께 페미니즘을 공부하는
프리랜서 편집자.

／

성차별적인 관습과 문화를 나의
아이에게 대물림하지 않기 위해서 나는
어떻게 해야 할까?

／

엄마처럼 키우긴 싫어

어릴 때 나는 학교에서 적극적인 아이였고 언제나 칭찬받고 싶어 했다. 엄마는 그런 나를 굉장히 좋아했다. 엄마는 늘 이렇게 말했다.

"21세기에는 여자도 뭐든지 할 수 있어. 반장은 남자, 부반장은 여자라는 법이 어디 있어?"

당시 전교 회장이나 반장은 대부분 남학생이었는데, 나는 엄마의 말에 따라 적극적으로 회장이나 반장이 되려고 나섰다. 그리고 여학생이 그런 생각과 행동을 하면 남들에게 꽤나 부정적으로 보인다는 것을 조금씩 알게 되었다. 간혹 반 친구들에게 '나댄다'는 이야기를 들었다.

중학교 3학년 때 전교 회장 선거가 있었다. 엄마가 당연히 회장 입후보를 권유할 줄 알았는데, 처음 보는 남학생을 소개하며 그의 러닝메이트인 부회장 후보가 되라고 했다. 여자도 무엇이든 할 수 있다던 엄마가, 내가 회장 후보로 나서면 당선될 수 없다고 했다. 흔히 봐왔던 대로 남학생 회장 후보와 팀을 꾸리는 편이 당선 가능성이 더 높다는 것이었다.

차츰 내가 남자가 아니고 또 남자가 될 수도 없다는 사실을 깨닫기 시작했다. 그래서 여자로서 잘 살 수 있는 길을 찾아 따라갔다. 그게 안전한 길이고 또 올바른 길이라고 생각했다. 남자가 하는 일을 꿈꿨지만 누군가 안 된다고 했을 때, 그것이 '성차별'이라고 인식하지 못하고 그저 내가 부족해서 할 수 없다고만 생각했다. 이런 일들에 익숙해지기 시작했고 점차 수긍하는 태도를 가지게 되었다.

언젠가 제사를 지내느라 친척들이 우리집에 왔고, 엄마는 하루 종일 제사상을 차리다가 나를 데리러 학교에 왔다. 집에 도착했을 땐 이미 아빠와 친척들이 제사를 지내고 식사를 하는 중이었다. 누군가 아이 등하교 기사 노릇 하느라 힘들겠다고 말했고, 엄마는 이렇게 대답했다.

"집에서 놀면 뭐해요. 애들 등하교시키면서 운전도 늘고 좋죠."

집에서 그 많은 일을 하면서도 자신이 '논다'고 말하는 엄마를, 그때는 평생 이해할 수 없을 거라 생각했다.

진짜 좋아하던 일을 포기하면서까지 아이를 낳고 키우고 돌보던 그녀는 자기가 포기한 것에 대한 보상을 찾던 게 아닐까. 나와 동생은 자신이 이루지 못한 꿈을 보상해줄 뿐만 아니라 대리 자아실현까지 해줄 수 있는 존재였다. 가사노동과 돌봄노동에 대한 이해가 없는 엄마가 할 수 있는 최선은 나와 동생의 사회적 성공이었다. 그러나 나는 자기 삶은 없고 오직 나와 동생만 바라보는 엄마 때문에 숨이 막혔다. 그녀를 보면 정말 여자가 뭐든지 할 수 있는지 점점 의문이 들었다.

처음 페미니즘을 접할 당시 나는 아이를 임신한 상태였다. 페미니스트로서 출산 후 아이를 어떻게 키울 것인지는 매우 중요한 문제였다. "엄마처럼 살지 말아야지"라는 말을 달고 살았기에 마음속으로 한 번 더 다짐했다. '무조건 일을 해야 해. 내가 일을 포기하면 우리 아이에게 고정된 성역할을 보여주게 될 테고, 또 엄마처럼 아이에게 집착하는 사람이 될지도 몰라.'

그러나 내가 엄마보다 더 많은 걸 세상에 요구하는 21세기 페미니스트가 되었어도, 그동안 사회는 별로 달라지지 않았다. 직장을 열심히 다니다가 아이를 낳았는데 돌봐줄 보육 시설을 찾기 어려웠다. 남녀에게 동등한 육아휴직제도 같은 것도 충분하지 않았다. 사회는 계속 엄마인 내가 아이를 키워야 한다고 강요했고, 결국 일을 그만두게 되었다.

간혹 어릴 적 엄마를 떠올린다. 엄마의 시행착오들, 성차별적인 관습과 문화를 나의 아이에게 대물림하지 않기 위해서 나는 어떻게 해야 할까? 아이에게 무엇을 가르쳐야 할까? 어떻게 해야 이 사회를 조금씩이라도 바꿔나갈 수 있을까?

빠방이는 남자가 하는 건데?

아이와 함께 나들이를 가는 날이었다. 남편이 미리 차를 끌고 와서 기다리고 있었다. 아이는 차를 보면서 "아빠 차다! 아빠 차야!"라며 신나서 소리를 질렀다. 나는 아이에게 "왜 아빠 차야? 엄마 차이기도 한데?"라고 농처럼 말을 건넸고, 아이는 "빠방이는 남자가 하는 건데?"라고 대답했다. 이 상황만 놓고 보면 엄마인 내가 운전하는 모습을 보여주지 않아서 아이가 그렇게 생각한다고 여길 수 있다. 하지만 실상은 아이와 자주 외출하는 내가 운전하는 모습을 더 많이 보여줬고, 아이 주변에는 남편의 여동생이나 친정 엄마 등 많은 여성 운전자가 있다. 그런데 어떻게 이제 겨우 세 살인 아이가 운전은 남자의 영역이라는 생각을 하게 되었을까?

아이가 어린이집이나 놀이학교를 다니기 시작하면서 양육자인 나와 다른 메시지를 전달하는 매체나 미디어를 접하고 있다. 고착화된 성역할을 보여주지 않으려고 각종 어린이책 사이트를 뒤져 다성多性적인 캐릭터가 등장하는 책을 구입하고 아이에게 읽어준다고 해도, 세상에는 성차별적인 책이 더 많다. 아직도 그림책에서 요리하는 사람은 대부분 엄마이고 엄마가 있는 곳은 주로 주방이다.

어린이집에서 방과 후 놀이용으로 보내준 그림책을 보면 남녀 표현 방식에도 문제가 있다. 일단 남자아이는 고정된 이미지이고, 여자아이는 거기에 머리를 땋거나 속눈썹을 붙이거나 치마를 입히는 방식으로 설정된다. 마치 여자는 남자의 갈빗대로 만들어졌다는 말을 증명하겠다는 듯, 남자가 기본적인 인간이고 여자는 그의 이미지에 여성 기표를 덧씌워 만들어진다.

여성을 남성에게서 파생된 캐릭터로 그리는 동화책에서 여자의 행동은 꽤나 예외적인 일처럼 보인다. 간혹 내가 직접 구입한 책에서도 그런 표현을 찾아볼 수 있다. 여자아이가 꿈속에서 미래에 소방관이 되어 불을 끄는데 속눈썹을 붙이고 구두를 신고 있다. 현실의 여성소방관은 결코 속눈썹을 붙이고 구두를 신은 채 불을 끄지 않는데도 말이다. 이처럼 아이를 위한 책을 고를 때는 책의 내용 이외에도 다양한 고민을 해야 한다.

아이가 '운전은 남자의 일'이라고 얘기한 그날, 나들이에서 돌아오는 길에는 내가 운전을 했다. 그리고 아이에게 "엄마가 운전한다. 운전은 배우면 누구나 할 수 있어"라고 알려줬다. 아직 세 살인 아이는 "빠방이는 남자가 하는 거야"라는 말이 왜 잘못되었는지 모르고 내가 한 말의 의미도 정확히 이해하진 못한다. 하지만 아이가 의미를 알아차리기 전부터 남녀에 차이가 없다는 것을 계속 보여주고 싶다.

아들한테 간호사가 되라는 건 너무해

최근 페미니즘 공부 모임을 통해 알게 된 디즈니 만화를 아이가 몹시 좋아했다. 〈꼬마 의사 맥스터핀스〉라는 만화인데 엄마는 의사이고 아빠는 살림을 한다. 주인공인 흑인 여자아이는 장난감 의사로 고장 난 장난감을 고쳐준다. 아이가 그 만화를 보면서 한동안 역할 놀이에 심취했다. 멀쩡한 장난감을 가져와서 다쳤다며 조막만 한 손으로 통탕거렸다. 남편은 그 모습이 보기 좋았는지 핸드폰으로 열심히 '의사

역할 놀이'를 검색했다.

옆에서 검색된 화면을 보는데 심기가 거슬렸다. 병원 놀이 장난감이 남아용은 파란색, 여아용은 분홍색으로 만들어져 판매되고 있었다. 심지어 여아용 중에는 분홍색으로 된 간호사 세트가 따로 있었다. 나는 그걸 사주자고 했다. 그러곤 간호사와 관련된 동화책을 찾았다. 남편은 내 생각과 행동에 불만이 있는 눈치였다. "여보, 페미니즘을 공부하는 건 좋은데…. 아이한테 간호사가 되라는 건 너무한 거 아니야?" 나는 잠시 생각을 하다가 "원한다면 간호사가 되라고 말하면 안 되는 이유는 뭐야?"라고 물었다. 남편은 당연하다는 듯이 설명했다. "남자가 간호사를 하면 어떤지 알잖아. 애가 좋은 쪽으로 되길 바라야지."

남편이 아들이 간호사가 되길 바라지 않는 이유는 그 직업군의 대다수가 여성이기 때문이다. 사실 나 또한 아이가 간호사가 돼도 좋겠다는 생각을 진심으로 하진 못했다. 남자는 소방관, 과학자, 여자는 간호사, 유치원 교사로 분류하는 여러 직업교육 콘텐츠에 분개하면서도, 정작 아들이 간호사나 유치원 교사를 꿈꾸는 것은 두렵다. 우리는 단단하게 굳어진 성역할 구분 속에서 살고 있다.

여자아이들에게 뭐든지 할 수 있다는 것을 가르치기 위해서는 남자아이들에게도 뭐든지 할 수 있다고 가르쳐야 한다. 남자아이들을 위한 젠더교육이 구체화되지 않는다면 성역할에 변화가 일어나기 어렵다. 어떤 페미니스트들은 여성의 선택권을 넓히고 남성의 선택권을 줄여야 평등한 사회로 나아갈 수 있다고 이야기한다. 하지만 남자아이들에게 젠더 경계를 넘나드는 더 넓은 선택지를 보여준다면, 여자아이들의 선택지도 자연스레 넓어질 것이다.

고정된 성역할을 가르치지 말자고 남편과 이야기했고 그도 동의했다. 그렇지만 남편은 그 와중에도 얄미운 말을 덧붙였다. "알겠어. 그래도 분홍색으로 된 거 말고!" 분홍색으로 된 간호사 놀이 세트를 아들에게 사주고 싶은 이유는 '분홍색'과 '간호사'를 아들에게 강요하기 위해서가 아니다. 남자도 분홍색을 좋아할 수 있고, 간호사가 될 수 있다는 사실을 알려주고 싶기 때문이다.

엄마도 나한테 뽀뽀하잖아!

아이가 하원을 하면 집 앞 놀이터에서 동네 친구들과 놀다가 집에 들어가곤 한다. 놀이터에는 산책을 나오신 할머니들과 방학을 맞은 초등학교 아이들, 그리고 어린이집과 유치원이 끝나고 곧장 달려온 어린아이들이 있다.

어느 날 아이가 그네를 타고 있는데 지나가던 할머니께서 다가와 아기가 너무 예쁘다며 무작정 안고 뽀뽀를 하셨다. 아이와 부모인 나에게 묻지 않고 스킨십을 해서 기분이 나빴지만, 어르신에게 그런 기색을 내비치긴 싫었다. 또 '남자아이인데 뭐 어때'라는 생각도 했다. 그리고 얼마 뒤, 아들보다 어린 여자아이가 엄마와 함께 놀러 나왔다. 아들은 그 아이를 발견하자마자 곧장 달려가서 껴안고 뽀뽀를 하기 시작했다. 나는 너무 놀라서 소리쳤다. "안 돼! 여자아이한테 함부로 그러는 거 아니야. 동생에게 안아도 되냐고 물어봐야지!" 아들은 화가 나서 짧고 어눌한 발음으로 말했다. "엄마도 나한테 뽀뽀하잖아! 안 물어봤잖아!" 할 말이 없었다.

여자에게만 성적 자기결정권이 있다고 생각한 나에게 문제가 있었다. 남자아이에게만 상대방의 의사를 확인하고 행동하라고 가르치면 충분할까? 남자아이도 자신에게 성적 자기결정권이 있다는 것을 알아야 한다. 누군가 자기를 만지려고 할 때 원하지 않는 스킨십을 거부할 수 있는 아이와 그렇지 않은 아이는 나중에 젠더감수성에서 큰 차이를 보일 것이다.

놀이터에서 아이와 한바탕 싸우고 난 저녁, 남편이 퇴근하고 집에 들어오자마자 아들에게 달려가서 "아들 뽀

뽀!"를 외쳤다. 정말 난감했다. 아이는 그 자리에서 싫다고 난리를 쳤고, 남편은 이제 세 살인 아들에게 자신의 서운한 감정을 여과 없이 보이며 죄책감을 심어줬다.

아이가 잠들고 남편과 이야기를 나눴다. 아들에게 강제로 혹은 무조건적인 스킨십을 요구하지 말자고 했다. 남편은 부모가 되어서 그 정도 스킨십도 요구하지 못하냐며 불평을 했다. 남성인 그에게 젠더나 성평등교육은 그리 절실한 이야기가 아닌가 보다. 그날 밤 스킨십 강요가 아이의 젠더감수성에 얼마나 큰 영향을 미칠지에 대해 열띤 토론을 벌여야 했다.

엄마는 고추 없어?

최근 아들은 엄마의 치마나 티셔츠를 들춰보는 행동을 자주 한다. 아빠에게는 하지 않는 것을 보면 이제 남녀를 구분할 수 있게 된 것 같다. 처음에는 귀여운 장난이라고 넘어가기도 했지만, 아빠에게는 그런 장난을 하지 않는다는 걸 알고서는 단호하게 안 된다고 이야기하고 있다.

한번은 아들이 기어코 내 치마를 훌렁 올리더니 이렇게 물었다.

"엄마 고추 없어?"

"그게 무슨 말이야!"

무엇을 어떻게 가르칠지 준비가 안 된 상태에서 아이에게 일격을 당했다. 남성의 생식기를 지칭하는 '고추'는 집 안에서나 밖에서나 아무렇지 않게 술술 말하면서, 여성의 생식기를 지칭하려니 적절한 단어가 생각나지 않았다. '고추'가 있냐고 묻기에 '다른 것'이 있다고만 답했다. '없다'고 하면 여성을 무언가 부족한 존재로 인식할 수도 있을 것 같았다. 문득 어릴 때 엄마가 나에게 어떻게 가르쳐줬는지 떠올랐다. '초초', 너무 귀여운(?) 단어였다. 그 단어를 그대로 사용하고 말았다.

"엄마는 초초가 있어? 나는 고추가 있지."

여자에게는 고추 말고 무엇이 있다고 해야 할까? 유아 성교육 책들을 찾아보면, '음경'과 '음순'이라는 정확한 용어를 알려주라고 교과서 같은 이야기만 한다. 현실적으로 와닿지 않는다. 아직 우리 사회에서는 성기를 어떻게 지칭해야 하는지조차 논의가 부족하다.

성별에 대한 인식이 생기는 세 살 이후 유아 성교육은 매우 중요하다. 실제로 유네스코 기준에 따르면 다섯 살만 되어도 이미 성적 발달이 충분하다고 한다. 또한 최근 영국에서는 네 살 때부터 성교육을 받아야 한다고 법을 개정했다고 한다. 온라인 미디어를 통해 유아기부터 다양한 성적 내용을 접하는 아이들에게 과거보다 더 빠르고 적절한 성교육이 필요하다.

아들과 함께 젠더 경계 허물기

아이와 하원하면서 이런저런 이야기를 나눴다.

"오늘은 누구랑 놀았어?"

"응, 지호랑 놀았어."

"오, 여자친구? 시은이 말고 새로운 여자친구네? 이제 지호가 더 좋아?"

"아니, 지호도 친구고 시은이도 친구야."

아무 생각 없이 대화를 이어가다가 아차 싶었다. 나도 모르게 아이의 우정을 남녀의 연애로 바꿔버린 것이다. 살면서 체득한 젠더 규범은 일상생활 곳곳에 숨어있고 무심코 던지는 대화에도 묻어난다. 이성만이 연애의 대상이 아니라는 것을, 남녀를 넘어 다른 젠더도 있다는 것을 아이에게 알려줄 필요가 있다.

우리의 뒷세대는 지금보다 조금이라도 나아진 세상에 살았으면 좋겠다. 내 아이가 남자라서 잘 사는 게 아니라,

남자든 여자든 동성애자든 트랜스젠더든 차별 없는 세상을 살았으면 좋겠다. 그렇지만 관습화된 젠더 규범에서 벗어나 아이를 키우고 싶어도, 가끔은 나조차 자유롭지 못하다는 것을 느낀다. 여성으로 살면서 겪는 부당한 대우에 맞서기 위해 페미니스트가 되었지만 여전히 많이 부족한 것 같다.

페미니스트로서 아들을 키우는 방식에 있어서도 나의 생각이 틀렸을 수 있다. 그렇지만, 아니 그래서 계속 공부하고 고민한다. 아들을 가르치기 이전에 나와 남편의 변화가 더 중요하기 때문이다. 아이를 돌보면서 어릴 때 나를 키우던 엄마의 모습을 간간이 떠올린다. 경제력을 상실한 그녀는 자신이 할 수 있는 일이 오직 '엄마 노릇'이라고 믿었을 것이다. 그리고 '엄마 노릇'의 성공적인 수행이란 나와 동생이 좋은 대학에 입학하는 것이었다. 어쩌면 그것이 스스로를 페미니스트라고 생각했던 엄마의 최선이 아니었을까.

그런 엄마로부터 나는 얼마나 나아갈 수 있을까. 페미니즘을 통해서 대단한 이론가나 사상가가 되는 것을 꿈꾸지 않는다. 그저 아이와 젠더감수성을 공유하고, 현실에서 마주하는 구체적인 쟁점들을 하나하나 풀어가며, 젠더 경계들을 조금씩 허무는 것이 내가 할 수 있는 최선이 아닐까.

최근 친정 식구들과 만난 자리에서 이런 이야기를 주고받았다.

"엄마, 요즘 승현이가 내 가슴 보고 뚱뚱하다고 '엄마 곰은 뚱뚱해' 이러는 거야. 점점 궁금한 게 많아져서 요즘 성교육 책 찾아보고 있어."

"뭐야. 너희 집은 페미니스트 가정이라서 〈곰 세 마리〉 같은 노래는 안 부른다며."

"끙…. 집에서는 안 부르는데 어린이집에서 자주 불러서 그래."

페미니스트 가정에서 금지된 〈곰 세 마리〉 이야기를 하며 웃었다. 미미하지만 계속 이야기하고 또 요구하다 보면 무언가 달라진다. 가족들은 내가 페미니즘을 공부하고 또 이야기 나누길 원한다는 사실을 알기 때문에 대화를 나눌 때 혹시 잘못된 게 없는지 조금씩 생각하기 시작했다. 그렇게 서로 대화를 하며 젠더감수성을 넓혀가면, 그런 환경에서 자란 아이는 조금이라도 더 자유로운 삶을 살 수 있지 않을까.

유
보
미

07

일인분의
자립을 위하여

신나리

본업으로 디자인, 부업으로 글쓰기를 한다.
부부 누구도 억울하지 않은 삶을 바라며
일인분의 자립을 위해 분투 중이다.

"내가 경력단절여성이었어?"
나는 취업을 안 하는 거지 못 하는 게
아니다, 언제든 불러만 주면 능력 발휘할 수
있다고 자위하면서 애써 밀쳐두었던 박탈감이
거센 파도처럼 덮쳤다.

내가 왜 돈 벌어야 해? 집안일도 혼자 다 하는데?

아이를 재우고 퇴근한 남편에게 맡기고 나온 시각, 밤 열
시. 책 읽기 모임이라는 명분으로 각자 캔맥주 하나씩 들고
세희 엄마 집에 모였다. 술기운 때문일까, 그날따라 저마다
평소엔 쉬 나누지 못한 속 얘기를 털어놓았다. 번잡한 도심
을 등지고 한산한 변두리 생활을 자발적으로 택한 이들이
었다. 아이 키우기와 살림살이에 제법 안착한 줄 알았는데
그날 나온 이야기는 뜻밖이었다.

　"집에 있으니 뭐 하고 있는지 모르겠어. 뭘 해도 만족
이 안 돼."

　두 아이 키우며 동네일이라면 손발을 걷고 나서는 동

우 엄마가 한숨을 쉰다.

"왜? 자기는 케이크 잘 만들잖아. 그거 살려봐."

옆에 있던 민희 엄마가 어깨를 툭 치며 말한다.

"그건 돈이 안 돼. 인건비도 안 나와. 민희 엄마는 자격증 딴다고 강좌 들으러 다녔잖아. 그거 계속할 거야?"

"진작 그만뒀어. 애들 봐줄 사람이 없잖아."

그녀는 언제 적 이야기냐며 손사래 친다. 40대 중반, 아이 둘을 키우는 세희 엄마가 말한다.

"나는 일하기 싫어. 좋을 게 없어. 결국 집안일하고 애들 보는 건 다 내가 할 텐데, 돈까지 벌어다줘야 하나?"

조용히 듣던 수아 엄마가 머뭇거리며 말을 잇는다.

"저 사실은 다음 주에 면접 보기로 했어요. 그냥 한번 넣어봤는데 연락이 왔어요. 근데 좀 겁나네요."

다들 반색한다.

"일단 가봐, 시작이 중요해."

"내가 수아 유치원 다녀오면 봐줄 테니까 다녀와요."

민희 엄마가 한마디 보탠다.

"자기, 부러운데? 나는 가끔 내가 돈을 못 벌어서 남편이 나를 이렇게 대하나 싶을 때가 있어. 한 달에 오십만 원이라도 벌었으면 좋겠어."

다들 말없이 고개를 끄덕이고 잠시 정적이 흐른다.

출산 직전까지, 또 아이 낳고서도 직장에서 버티겠다며 발버둥 치던 그들. 아이 봐줄 사람이 없어, 내 손으로 키우고 싶어, 일과 육아를 병행하느라 지쳐 그만두었지만 집중 육아기를 지나 아이가 커가며 다시 고민한다. 아이 교육에 목매기도 싫고 그렇다고 집에만 있자니 나의 쓸모가 무언가 질문하게 된다. 일을 시작해도 집안일은 여전히 자기 몫일 게 뻔한 상황에서 줄다리기를 한다. 그들이 돈을 벌지 않겠다는 건 저항일까 아니면 체념일까.

나도 그랬다. 가슴 한복판에서는 전쟁이 일어났지만 적극적으로 일자리를 구하지 않은 이유가 있었다. 집에 틀어박혀 있을 사람이 아니라는 고고한 자존심으로 육아라는 진창에서 한 발짝을 들면서도, 애써 구직 활동도 하지 않음으로써 어디에도 속하지 않는 비판적 거리를 유지했다. 그렇게 어정쩡하게 5년을 지냈다. 그리고 확실히 깨달았다. 돈을 못 버는 생활은 나를 충족시키지 못한다.

내가 '경력단절여성'이라고요?

엄마 경력 5년 차인 나. 아이를 잘 키우기 위해 직장을 그만둔 건 아니었지만 아이를 키우다 보니 야근과 밤샘이 많던 그곳으로 돌아갈 수 없었다. 남편은 매일 늦고 가까이에 손을 보태줄 가족 하나 없는 상황에서 엄마이자 아내인 나의 전일제 출퇴근 근무는 불가능했다. 자의 반 타의 반으로 소위 말하는 '전업맘'이 되었다. 글을 쓰고 원고료를 받고 짬짬이 본업이던 디자인을 아르바이트 삼아 했어도 겉보기엔 그랬다. 그러다 누군가 해준 말을 듣고 화들짝 놀랐다.

"너 경단녀잖아."

내가 경력단절여성이었어? 나는 취업을 안 하는 거지 못 하는 게 아니다, 언제든 불러만 주면 능력 발휘할 수 있다고 자위하면서 애써 밀쳐두었던 박탈감이 거센 파도처럼 덮쳤다.

경력단절여성. 육아 때문에 취업하지 못한 여성을 문제로 보는 쓰디쓴 말이다. 한창 일할 나이의 여성이 집에서 애 보고 살림하는 것을 노동력 손실로 접근하는 관점이다. 또한 육아와 집안일은 결코 경력이 될 수 없음을 단호히 못 박는다. 집에 있는 여성에 대한 연민과 동정, 그리고 그만큼의 무시가 담겨 있다. 그런 까닭일까. 돈을 벌지 않는 여성을 무능하게 보는 사회 분위기는 '경력단절여성'이라는 단어의 등장과 함께 더욱 팽배해졌다.

사람들은 애만 키우는 엄마를 경력단절여성이라고 딱하게 보다가도, 남편 수입만으로 생계가 가능하고 자기 손으로 아이를 키울 수 있으니 행운이 아니냐는 시큼한 질투를 하기도 했다. 제아무리 잘난 여성이라도 출산, 육아로 경력이 무효화되는 걸 보며 내심 고소하다는 시선도 있었다. 그래서일까. '워킹맘'의 고단함은 곳곳에서 발화되지만 집에서 아이 키우는 '경력단절여성'의 고충은 수면 위로 떠오르다가도 이내 꺼져버렸다.

엄마들 사이에서도 논란이 분분했다. 어떤 이는 내가 원해서 주부가 되었는데 맞벌이를 장려하는 사회 분위기가 불편하다고 호소했다. 육아야말로 더 훌륭한 경력이라는 사람, 집안일과 육아를 외주 주며 돈을 '길바닥'에 버리느니 집에서 애 키우는 게 돈 버는 거라는 사람, 내 아이를 내 손으로 살뜰히 보살피며 얻는 가치에 대해 설파하는 사람도 있었다.

자신이 내어놓은 시간의 의미를 찾고 싶은 저마다의 안간힘일 게다. 그러나 이런 시각은 육아의 시간을 경력단절이라는 인력 손실로 보는 관점만큼이나 여성이 처한 현실을 명징하게 바라보고 가려내고 따져보려는 노력을 뭉뚱그려버리곤 한다. 그 안에 복잡하게 뒤엉킨 욕망과 포기와 갈등을 덮어버리는 짧은 위로에 그치기 십상이다.

좀 더 들여다보자. 직장인들은 전업주부처럼 보이는 나의 생활을 은근히, 아니 대놓고 부러워했다. "집에 있으니 쉴 수 있겠다" "나도 복직하기 싫다" "유한마담처럼 지내면 좋지 않아?"하면서, 살림은 중요한 일이라는 칭송도 어쩐 일인지 잊지 않았다. "네 실력에 집에 있기엔 너무 아까워"라며 비난인지 응원인지 알 수 없는 말을 해주기도 했다. 남편이 집안일을 하지 않는 데 대해 불만을 토로하면 "집에 있는 네가 감히 가사 분담을 논하느냐"는 따가운 눈총을 보냈다. "요즘 세상에 맞벌이 안 하고 어떻게 애 키우냐"며 세상 물정 모르는 사람으로 보기도 했다.

한편으론 "250만 원 못 벌면 안 버는 게 나아"라는 얘기도 들었다. 일하는 엄마들의 월급 하한선은 250만 원이고, 그 이상 벌면 일하고 그 이하면 보통은 그만둔다는 말. 250만 원의 위력은 참으로 대단해서 즉시 일과 육아의 가치를 비교하게 했다. 아이를 학원 뺑뺑이 돌리고 '남의 손'에 맡기면서까지 벌어야 할 만큼 절실한 금액인가? 출퇴근에 쓰는 교통비, 직장에서의 식비 및 부수적 지출과 육아를 외주 주며 나가는 돈을 제해도 충분히 남는가? 월 250만 원이 발목을 잡았다. '그 정도 벌지 못하면 일 해봤자 손해야.'

아이가 없을 때만 해도 다시 취업만 한다면 250만 원은 충분히 벌 수 있다고 생각했다. 10년 전이던 20대 후반, 내 연봉은 남편보다 많았고, 내가 직장을 그만두고 프리랜서로 일할 때까지도 비등했다. 그러다 출산을 기점으로 2~3년간 제대로 일을 하지 못하면서, 아무리 노력해도 하루 일고여덟 시간 이상은 할 수 없게 되면서, 우리의 임금 격차는 '넘사벽'으로 벌어졌다. 남편이 뛰어나서가 아니었다. 그의 연봉은 매년 물가상승률에 약간 못 미치는 수준에서 무난하게 올랐다. 문제는 나였다. 남편만큼 벌 수 있다고 큰소리치던 믿음이 순진한 허세였음은, 출산하자마자 바로 판명 났다.

250만 원이 문제가 아니었다. 취업을 하려고 해도 3~5년 차 실무자를 선호하는 구인 시장에서 30대 후반이라는 내 나이는 부담이었고, 저녁 일곱 시 이전에 집에 돌아올 수 있어야 한다는 조건까지 고려하면 갈 곳이 없었다. 직업을 바꿔야 하나, 불안정한 프리랜서 생활을 계속해야 하나. 극도로 좁아진 선택지에서 취업을 할 수도 없고 안 할 수도 없어 갈팡질팡했다. 낮과 밤을 쪼개며 글을 쓰고 디자인 작업을 했지만 결국 나에게 붙여진 타이틀은 '경력단절여성'이었다.

남편은 이해하지 못했다. "집도 있고 내가 돈도 버는데 뭐가 문제야"라며 내가 토로하는 울적함을 한낱 투정이나 불만으로 받아들였다. 이렇게 살 수 있는 것만 해도 행운이라는 말을 납득하면서도 속이 아렸다. 아닌데 싶으면서도 해명할 수 없어 갑갑했다.

돈 때문에 치사해지기 싫었는데

"이번 달 카드값 왜 이래? 또 구멍 났잖아."

남편이 한마디 한다. 그는 월급을 1원도 빼놓지 않고 나의 주거래 계좌에 이체해주었다. 그러면 나는 다시 남편 명의의 '공동 생활비 계좌'로 돈 일부를 옮겼다. 이렇게 한 이유는 첫째, 집의 현금 흐름을 한눈에 파악하기 위해서였고 둘째, 나보다 돈을 많이 버는 남편에게 체크카드 소득공제를 몰아주기 위해서였다. 그런데 결과적으로 이를 통해 남편이 생활비 내역을 '검사'하는 권한을 갖고 말았다.

우리는 매달 120만 원을 식비, 의료비, 공과금, 생필품, 생활용품 구입비의 상한선으로 통장에 넣어두고 체크카드로 결제하곤 했는데, 남편 월급날이 오기 전에 잔고가 바닥나서 추가 금액을 비상금 통장에서 끌어와야 하는 일이 빈번하게 발생했다. 그때마다 나는 남편에게 돈을 이체해달라고 부탁했다. 안타깝게도 비상금 통장 역시 남편 명의였다(이렇게 복잡한 자산 흐름을 가진 까닭은 통장 분리가 좋다는 재테크 서적의 지침을 충실히 따랐기 때문이다).

아이가 태어나고 가계 지출은 훌쩍 늘어났다. 나는 나를 위한 옷, 화장품, 책 등은 거의 사지 않는 대신 육아용품과 가전제품을 많이 구입했다. 미끄러지지 않는 실리콘 식판에서부터 유아의자, 경량 유아차, 범퍼 쿠션, 전동 다지기, 미니 전기밥솥, 식기세척기까지. 이러한 물건들은 독박육아를 조금이라도 수월하게 해줄 자구책이기도 해서 나는 부지런히 사 들였다.

택배가 올 때마다 남편은 왜 사냐고 묻기보다 "생활비 얼마 안 남았다"는 말을 콕 집어 했다. 그가 돈으로 사람을 압박하는 치사한 부양자는 아니었기에 그저 통장 잔고를 상기시켜준 것뿐이었지만 나는 '뜨끔'을 '발끈'으로 무마하며 째려봤다.

"다 필요한 거야, 하루에 10분만 애 보는 주제에 알지도 못하면서!"

한번은 대학 친구들과 2박 3일 여행을 가기로 했는데 남편이 이렇게 말했다.

"그건 네 돈으로 갈 거지?"

"응? 내 돈?"

언제는 본인이 벌어온 월급이 '우리 돈'이라는 관대함을 보이더니 나 혼자 가는 여행은 '내 돈'으로 가란다. 내 비록 월 10만 원의 생색내기 용돈을 받고 종종 디자인 아르바이트를 해왔으나 눈 씻고 찾아도 여행비로 쓸 수 있는 '내 돈'은 없었다. 그날 우린 대판 싸웠다.

"내가 집에서 애를 봐서 당신이 돈을 벌 수 있었던 거야. 그러니까 월급의 반은 내 거야. 우리 예금에 넣은 돈, 반 떼서 내 통장으로 옮겨야겠어."

"안 돼! 그건 '우리 돈'이야!"

"아니야, 나도 '내 돈'이 필요하다고!"

겉으로만 보면 우린 생계부양자와 돌봄노동자로 엮인, 참으로 모범적인 관계였다. 우리가 이룬 유기체는 자본주의 체제를 유지시키는 훌륭한 부품이었고, 빈틈없이 완벽해서 어떤 오류도 나지 않을 듯 보였다. 시곗바늘처럼 찰칵찰칵 움직이면 그만이었다. 나 하나 불만 없이 수긍하면 우리의 일상은 너무나 평온했고, 모든 걸 헝클어버리고 싶은 짓궂은 충동에 휩싸일 때도 창틀을 벅벅 닦으며 떨쳐내면 그만이었다. 그러나 남편이 말한 '우리 돈'과 '내 돈'이 그동안 눌러두었던 분노를 점화했다. 우리의 허술한 연대는 이렇게 박살났다.

'팩트'는 이거였다. 나는 집에서 아이를 보는 주 양육자다. 아이가 어린이집에 있는 동안 발 동동 구르며 일을 한다 해도 1인 최저생계비도 벌지 못한다. 시간을 모조리 내어 아이를 돌보고 집안일을 해서 남편이 돈을 잘 벌도록 돕는다 해도 나는 독립성을 얻지 못한다. 남편이 월급 전부를 주며 가계를 맡긴다 해도 나에겐 돈이 없다. 남편이 돈을 벌어오지만 그건 내 노동의 직접 결과는 아니다. 노동의 대가를 물질로 보상받는 건 생존의 기본 조건인데, 집안일과 육아는 노동만 있을 뿐 자립을 위한 어떠한 물질적 자원도 주지 못한다. 불행히도 나는 나의 생존을 남편의 돈에 기대게 되었다.

남편이 벌어오는 돈은 분명 우리 생활을 지탱하는 소중한 것이었지만 나에게 충족을 주지 못했다. 적어서가 아니다. 나는 대학 졸업 이후 누군가에게 경제적으로 의지해본 적이 없다. 내 힘으로 돈을 벌었고 능력을 인정받았고 목소리를 내던 사람이었다. 남편에게 학력, 경력, 연봉, 어느 것 하나 뒤쳐본 적 없었는데, 그에게 경제적으로 의탁해야 하는 상황을 받아들이기는 쉽지 않았다. "왜 이번 달 카드값이 많이 나왔냐?" "그 냄비가 꼭 있어야 하냐?"는 잔소리는 무시하면 그만이었지만, 나의 자존감은 미세하게 닳고 있었다.

내가 돈을 벌고 싶은 이유, 일인분의 자립을 위해서

돈벌이, 육아, 집안일. 이 세 가지를 원활하게 해내기가 얼마나 힘들지 예상하면서도 나는 경제활동으로서 일하기를 갈망했다. 경력이 아까워서? 아니다. 직장을 그만둔 건 육아 때문이 아니라 조직생활에 환멸을 느껴서였다. 미련 없다. 새로운 일, 대체 가능한 일이 생기기만 한다면 그까짓(!) 10년 경력 얼마든지 버릴 수 있다.

돈 쓸 곳이 많아서? 쓸 곳은 많지만 그렇다고 많은 돈이 필요하진 않다. 우리는 서울 집값의 반도 안 되는 경기도 변두리에 살고, 부모님 부양비 드릴 부담도 아직까진 없고, 아이도 다섯 살이라 교육비 지출도 크지 않다. 수입 가죽소파, 3,000cc급 중형차, 신도시 역세권의 30평대 아파트는 아니어도 지금 사는 모습에 만족한다. 더 많은 돈을 번다고 해도 남편은 7천 원에 커트를 해주는 '블루클럽'을 찾아다닐 테고, 나는 '샤넬백'이 아니라 캔버스 가방을 털레털레 들고 다닐 테니까.

혹시, 자아실현? 순진한 생각이다. 경제활동을 통한 자아실현이 얼마나 철없는 발상인지 알 만큼 알지 않는가. 자아실현과 돈은 상충하기 마련이고 자아실현을 목표에 두는 한 돈도 그만큼 멀어지지 않던가. 그럼에도 자아실현은 나를 끈질기게 쫓아온 자기검열이었다. '남편은 식구 먹여 살리기 위해 한 몸 쥐어짜며 출퇴근하는데 한가하게 하고 싶은 일 고르고 자빠졌다니, 지금 그럴 때야?' 하는 환청이 들리곤 했다.

내가 돈을 벌고 싶은 첫 번째 이유는 남편 혼자 벌게

하고 싶지 않아서다. '이런 배려 넘치는 착한 아내라니!' 하고 감탄한다면 오산. 남편에게 가부장의 권력을 주고 싶지 않다는 의미다.

"그럼 네가 돈 벌어와!"

남편은 싸울 때마다 말했다. '내가 회사 그만두면 네가 어떻게 살 건데?'라는 협박과 다름없었다. 남편이 밤늦도록 회사 일에 집중할 수 있었던 건 '애 아빠'임에도 불구하고 육아로부터 자유로웠기 때문이고, 그건 내가 집에서 그의 몫까지 아이를 돌봤기 때문이라고 정신승리를 해왔지만 '돈 버는 유세'를 이겨낼 재간이 없었다. 어쨌든 그가 벌어오는 돈에 우리 가족의 생계가 달려있는 건 사실이었고 언제나 돈 버는 일은 다른 일보다 중요했으니까.

나에겐 허덕이며 아이를 보는 와중에도 바깥일하는 남편까지 보듬어줄 의무가 있었다. 친정 부모님과 일가친척은 물론 친구들까지도 어쩜 그리 쉽게 남편 처지에 감정이입하는지, 툭하면 "남편 챙겨줘"라는 말을 했다. 그러나 나는 남편을 위로하는 위치에 놓이고 싶지 않았다. 둘이 같이 돈을 벌 때는 요구받지 않던 감정노동이었다. 남편도 "아내가 집에서 애 보느라 힘드니 챙겨줘라"는 말을 듣고 살까? 부부 사이에 계산하면 못쓴다 해도 나는 '사랑의 힘'으로 불균형을 덮고 싶지 않았다.

집안일과 육아도 그랬다. 돈 버는 사람은 퇴근 후 손가락 움직일 힘도 없으므로 무조건 쉬어야 한단다. 돈을 얼마를 벌건 집안일과 육아는 공동의 일이다. 돈을 번다는 이유로 집에 있는 사람을 부릴 권력을 가질 순 없다. 그럼에도 이 사회는 돈 버는 사람에게 집안일과 육아를 방치해도 되는 면죄부를 부여한다. 그런데 과연 돈 때문일까. 그런 이유라면 돈 버는 여자들도 휴식을 누려야 할 텐데 그런 경우는 거의 보지 못했다.

남편이 누리는 가부장의 권력을 무력화시키고 싶었다. 남편이 가져다주는 돈에 감사하며 불평하지 말라는 훈계를 애초에 차단하고 싶었다. 남편도 나만큼 양육자로서의 정체성을 갖게 하고 싶었다. 나는 가사를 나눌 명분을 위해서라도 '바깥일'을 늘려갔다. 남편 손에 물을 묻히고 음식물 쓰레기통을 비우게 하기 위해서 일단 내가 주방에서 나가야만 했다. 그에게 아이를 당당히 맡기기 위해서 내가 집에 없어야 했다.

"그럼 네가 돈 벌어와!"

"좋아, 돈 벌면 되잖아?"

뒷감당은 당신 몫이 될 것이다. 프리랜서였던 나는 일이 들어오는 대로 모조리 다 받았다. 주말마다 텅 빈 냉장고와 함께 남편과 아이를 집에 두고 카페로 출근했다.

돈을 벌고 싶은 두 번째 이유는 결혼생활에 대한 심한 회의감에 시달릴 때 경제적으로 자립할 수 없어 결혼을 유지하고 싶지 않다는 것이다.

　결혼생활을 지속하는 것은 아이를 같이 키우기 위해서, 서로를 동반자이자 동료로서 지지하고 싶어서다. 남편이 벌어오는 돈으로 살아야 하기 때문이 아니다. 결혼생활에서 느끼는 불합리를 견뎌내는 이유가 돈이고 싶지 않다. 그러면 비참할 거 같으니까.

　40대 후반, 50대에 접어든 주부들은 아이들도 다 키워놨고 혼자 살고 싶은데 실행하지 못하는 결정적 이유가 '돈'이라고 말하곤 했다. 단칸방 하나 얻을 돈이 없다는 거였다. 월 백만 원이라도 번다면 당당히 집을 나갈 텐데 그 돈이 없다고 했다. 그러면서 슬쩍 말을 흐렸다.

　"남편, 불쌍하잖아."

　자식들 독립시키고 나서도 부부가 함께 사는 힘은 무엇일까. 돈일까 의리일까. 우리는 지금 아이를 키워내기 위한 최소의 공동체로서 연합하고 있다. 남편과 많은 부분에서 부딪히지만 지난한 노력 끝에 제법 손발이 잘 맞는 육아 동료가 되었다. 하지만 아이를 키우는 숙제가 끝나면 우리의 관계를 어떻게 만들어갈지는 미지수다.

　나는 이 결혼이 언제까지 유지될지 장담하지 못한

다. 둘 중 한 명이 죽을 때까지 이어갈 자신이 없다. 남편이 싫어서도 일부일처제가 지겨워서도 아니다. 한 공간에서 서로의 방귀 냄새를 맡고 머리카락과 때 묻은 양말을 집어 올리는 생활을 평생토록 하고 싶지는 않다. 숨이 막힌다. 남편도 종종 그렇지 않을까.

일상을 공유하는 건 20년이면 족하다. 그래서 꿈꾼다. '결혼방학'을. 아이가 어느 정도 크면 결혼 휴식기를 가지고 싶다. 서로 남으로 살아보는 시기. 서로에게 바라고 기대하고 실망하지 않고 각자의 몸만 건사하면 되는 시간을 간절히 원한다.

같은 배를 탄 운명 공동체, 죽어라 미워도 같이 살아야만 하는, 통장과 노후 자금을 공유하는 경제 공동체가 아니라 자기 배를 각자 젓는 개인과 개인으로 만나고 싶다. 부부가 아니라 뜻을 공유하는 동지로서, 서로의 의지처가 되어줄 동반자로서 다시 관계를 설정하고 싶다.

"애들 다 키우고 남편이랑 놀 거야."

친구의 말에 이렇게 답했다.

"나는 혼자 놀고 싶어."

남편에겐 아직 말하지 못한 나의 은밀한 계획. 이를 위해서 일인분의 자립을 해야 한다.

돈, 그게 뭐라고 어깨를 펴게 하나

들쭉날쭉한 노동량, 한 달에 백만 원도 안 되는 불규칙한 수입, 밤샘을 이어가며 프리랜서도 더는 못 하겠다 싶을 즈음, 슬그머니 꿈무니 내리고 살림하고 애 키우고 글 쓰며 소소하게 사는 것도 나쁘지 않겠다고 자조하던 무렵이었다. 갑작스레 취직 기회가 찾아왔다. 보수는 적었지만 재택근무와 출퇴근 병행이 가능했다. 무엇보다 4대 보험에 고정 월급을 준단다. 마다할 이유가 없었다. 250만 원은 못 되어도 나에게 중요한 건 일정한 소득이었다. 당장 시작했다.

매일 주어지는 업무에 몸은 고단했지만 통장에 재깍재깍 꽂히는 급여는 삶에 생기를 불어넣었다. 전엔 어땠나. 틈틈이 쓴 글을 엮어 책까지 냈지만 글쓰기를 생업으로 삼기는 어려워 보였다. 보람은 있어도 물질적 성과나 보상은 각박했고, '남편 돈으로 하고 싶은 거 하며 산다'는 비난에 귓전이 따갑기도 했다. 나는 당당하지 못했다.

그런 내가 돈 받는 일을 하며 오전과 오후 시간을 당당히 획득했다. 어린이집에서 부모교육 하는 시간, 아이가 아플 때면 모든 일정을 취소하고 멈춰야 했던 시간, 누군가 무상으로 가져다 쓰려 했던 모래 같던 나의 시간을 지킬수 있었다. 그 시간에 (돈 버는) 일을 하게 됐기 때문이다. 글쓰기, 운동, 청소 같은 '해도 그만 안 해도 그만인 일'에 비해 '돈 버는 일'은 누구에게나 명징했다. 시간 확보가 필수인 돈벌이 노동은 손쉽게 다른 활동보다 우위를 차지했다.

무엇보다 통장에 매달 예외 없이 들어오는 돈은 쾌락 호르몬을 분비했다. '나는 누구, 여긴 어디' 하며 혼란스러웠던 정체성이 자리를 잡은 탓일까. 나의 자아존재감은 직접 번 돈 몇 푼으로도 고속 충전되었다. 아무리 인문, 사회, 철학, 육아서를 들이파고 요가나 명상을 해도 얻을 수 없었는데…. 내가 고작 월급 노예밖에 안 되나 싶으면서도 안도감이 느껴졌다.

남편과 집안일을 나누면서 찝찝했던 1퍼센트를 떨칠 수도 있었다. 누가 봐도 '전업주부'면서 남편에게 설거지를 시켜도 되는가, 아이를 맡기고 주말에 나가도 되는가, 권리만 주장하는 것은 아닌가 했던 자기검열. 나와 상대, 사회를 향해 구구절절 설득하기 피로해 때론 '양보와 배려'라는 이름으로 뒤집어썼던 거짓 위안까지도.

더 이상 남편의 호의나 선의, 배려에 기대지 않을 수 있었다. 남편은 육아, 가사를 의무적으로 수행해야만 했다. 육아와 가사는 우리 모두의 책임이 되었다. 그는 저녁이나 주말, 나의 외출에 대해 툴툴거리긴 해도 '돈 버는 아내'를 적극 응원했다. 혼자 감당했던 부양의 짐이 덜어지는 것을 환영했다.

생계 부양의 리스크를 둘이 나누게 되면서 남편은 '가족을 위해 나를 희생한다'는 주장을 더 이상 할 수 없게 되었다. 그는 처자식을 위해 억지로 회사에 다니는 거라며 울상을 짓고 세상 모든 짐을 자기 혼자 짊어진 듯 비통해했지만 그 말은 더 이상 유효하지 않다. 그가 당장 직장을 그만둔다 해도 우리 가족이 굶지는 않으니까. 그래서 남편이 징징거리면 이때다 싶어서 쿨하게 대꾸한다.

"그만둬, 내가 책임질게."

꼭 한 번 해보고 싶던 말. 농담인 듯 진담인 말에 남편은 실토한다.

"나도 가족을 위해서만 회사에 다니는 건 아니야."

당분간 한배를 탈 동지로서 그의 어깨에 있는 무거운 짐을 덜어주고 싶다. 혼자 전속력으로 페달을 밟기보다 다소 박자가 안 맞고 엇갈려도 같이 달리는 편이 체력 소모가 덜할 거라 믿는다. 서로에게 대체 인력이 되어주고 싶다. 한쪽이 잠시 쉬어도, 한쪽이 실수해도 침몰하지 않는 배를 만들어가고 싶다.

돈을 벌며 가장 달라진 점은 남편을 대하는 나의 자세다. 예전의 나는 남편의 작은 말에 일희일비하며 기뻐하고 흥분하고 좌절했다. 남편이 잘못해서 또는 잘해서가 모든 일의 원인이었다. 조금만 기분을 건드려도 발끈했고 쏘아붙였다. 처지를 이해받고 싶은 안간힘과 스스로 해명하지 못하는 자격지심이 뒤엉켰다. 나는 지나치게 남편에게 의존적이었다.

신기하게도 내 생계를 꾸릴 수 있는 일인분의 돈을 벌면서 남편과 감정적으로 부대끼는 일이 줄었다. 누가 아이를 보느냐, 왜 배수구를 닦지 않느냐, 분리수거 할 때 플라스틱 병뚜껑을 왜 종이 상자에 넣느냐며 아옹다옹하긴 해도 남편에 의해 나의 기쁨이 좌우되지 않았다. 확실한 벌이를 가짐으로써 화가 줄어든 것이다. 나의 자존감이 고작 이정도였나 쓴웃음이 배어나오면서도 가족 안의 역할에 매이지 않는 다른 정체성의 위력을 실감했다.

그동안은 가족만이 나의 전부였던 거다. 가족 바깥의 삶을 늘린 만큼 나의 세계도 확장되었고 가족 안에서 일희일비했던 많은 일이 상대적으로 소소해졌다. 신경 써야 할 일이 늘어서인지 아니면 피곤해서인지 전처럼 남편의 일거수일투족을 눈에 불을 켜고 들여다보지 않고 그의 행동거지에 희노애락이 좌우되지 않았다. 덩그러니 벗어둔 양말한 짝을 들어 올려 빨래통에 가져다 넣으면서도 자존심이 널뛰던 나였건만, 이제는 식탁에 앉아 일하고 있을 때 아이재우려 진땀 빼는 남편을 보며 말없이 양말을 빨래통에 넣는 관대함이 생겼다.

누구도 희생하지 않는 삶을 꿈꾼다

돈 때문에 일한다고 말할 때 사람들은 곧잘 수치심을 느끼는 거 같다. 우리 사회에는 '돈이 최고' '부자 되세요'라는 말을 서슴지 않으면서도 돈을 우선순위로 여기면 속물 취급하는 이중성이 존재한다. 그러나 돈은 중요하다. 성인으로서 누군가에게 의탁하지 않고 자기 생계를 해결하는 돈. 누군가의 허락이나 눈치를 보지 않고 쓸 수 있는 돈. 돈은 자존감과 존엄을 가져다준다.

우리에겐 서로가 필요하지만, 그(그의 돈)가 없으면 못 사는 것과 그가 있으니 좋아서 사는 것은 다른 문제다. 제아무리 '자유인'이라고 외친들 타인에게 경제적으로 의탁하는 이상 자유로울 수 없다. 자본주의 사회에서 돈의 구속력은 정신에까지 미치기 마련이고, 우리는 서로에게 대가 없이 무언가를 내어줄 정도로 헌신적이지도 고귀하지도 않다. 부모라 해도 '자식 투자 비용'을 생각하며 속이 쓰리다고 하는데 부부간엔 오죽할까.

우리 사회에서는 장시간 노동이 당연하고 육아와 가사

의 대부분을 여자가 맡기 때문에 어쩔 수 없다고 생각할 수 있다. 한 명이 돈을 벌고 다른 한 명이 그를 돕는 편이 효율적이라는 의견이 지배적이다. 남편과 나도 오랫동안 그렇게 생각했다. 그러나 최소한 나에겐, 우리 부부에겐 답이 아니었다. 한 명은 소진되고 한 명은 자립 능력을 잃어간다.

"식구들 먹여 살리느라 죽도록 일하잖아."

"당신이랑 애 잘 돌보겠다고 내가 집에 있는 거잖아."

서로를 탓하고 싶지 않았다. 우린 누구의 삶도 희생하지 않기 위해, 누구도 억울하지 않기 위해 복잡하고 어렵고 피곤한 길을 택했다. 같이 벌고 같이 아이를 돌본다. 근무 시간을 줄이고 함께하는 시간을 늘린다. 느릿해도 함께 가는 삶을 꿈꾼다.

그러나 어떤 선택이든 대가가 따른다. 내가 경제활동을 시작하며 우리의 하루, 일주일, 한 달은 허겁지겁 흘러간다. 숨 고를 새 없다. 설거지는 싱크대에 쌓여있고 방구석마다 머리카락 뭉치가 굴러다닌다. 집으로 돌아와 옷도 벗지 못한 채 정신없이 밥을 차리고, 놀아달라는 아이를 건성으로 대하며 빨리 재울 생각만 한다. 오래도록 나를 길들인 죄책감이 이때다 싶어 고개를 내민다. 그런데 이 상황에서 나를 위로해주는 건 나만큼 시달리는 남편이다. 그는 벌써 휴가를 다 사용했고 주말에도 아이를 보느라 기진맥진한다.

책 읽기 모임 엄마들이 모여 어린이집 다녀온 아이들을 거실에 풀어두고 차 한 잔 마실 때였다.

"면접 안 보기로 했어요."

수아 엄마가 말한다. 지난주에 면접을 보러 가기로 했다고, 5년 만에 일을 시작하려니 떨린다고 했었는데, 남편이랑 이야기하고 나서 마음을 바꿨다고 한다.

"남편이 대놓고 반대한 건 아닌데, 정말 내가 원하는 일이냐는 거예요. 자기가 돈 더 많이 벌어올 테니 나는 집에서 애들 보면 안 되겠냐고…. 제가 출근하면 남편이 애 둘을 유치원에 데려다줘야 하거든요."

"그래도 지금부터라도 일을 해야 나중에 자리를 잡을 텐데요."

"마트도 경쟁률이 높대요. 원한다고 다 들어가는 것도 아니에요."

잠시 정적이 흘렀다. 겨우 입을 뗐지만 일을 하라고, 돈을 벌어야 된다고 강력하게 말할 수는 없었다.

"힘들긴 정말 힘들어요. 남편과 호흡이 착착 맞지 않고서는요."

아직 우린 '느릿해도 함께 가는' 이상적인 삶을 찾지 못했다. 빠듯한 일상 속에 육아와 집안일 하는 시간을 꾸역꾸역 집어넣고 나누고 때론 얼렁뚱땅 삭제한다. 한숨 돌릴 여유 없이 팽팽 돌아가는 하루 속에, 일을 나누고 서로를 돌보겠다는 우리의 야심찬 바람은 슬며시 사라진다. 그저 일 인분의 자립을 하고 싶을 뿐이었는데. 날마다 끝없이 무언가를 조정하고 협상을 벌여야 하는 우리는 과연 어디에 이르게 될까.

08

여자라서
꾸는 꿈 말구요,
나라서 꾸는 꿈

효규

경력이 단절되어 창업을 했다.
삶에도, 기업문화에도
페미니즘을 녹여내고 싶은 워킹맘.

아이가 아파서 미팅을 변경해야
합니다. 죄송합니다. 아이 방학 때문에 이 일은
맡기 어렵습니다. 죄송합니다. 20분 뒤에나
어린이집에 도착할 예정입니다. 죄송합니다.
아이를 데리고 가도 될까요? 봐줄 사람이 없습니다.
정말 죄송합니다….

오빠는 검사, 나는 교사

"교대 가면 얼마나 좋아. 돈도 벌고, 애도 키울 수 있고."

학창 시절, 엄마가 입버릇처럼 하던 말이다. 교사인 엄마는 일을 하고 집에 돌아와 집안일과 육아까지 대부분 도맡으면서도 나에게 그 삶을 답습하라고 늘 이야기했다. 대학에 지원하는 수시철에는 선생님이 먼저 교대를 쓰라고 제안했다. 어머니가 원하는 직업이 이게 아니냐며 말이다.

내가 원하는 학과는 광고홍보학과나 경영학과였다. 교대는 곧 죽어도 못 쓰겠다고 했다. 엄마와 선생님 모두 길길이 화를 냈다. 아나운서가 될 수 있는 학과는 어떻냐고, 경영학과는 여자가 갈 만한 곳이 아니라고 계속 회유했지만 나는 단호했다. 교무실에 몇 번 불려갔지만 변함없었다.

학교에서 들들 볶이고 집에 오면 엄마가 기다리고 있었다. "너 결혼해서 애 낳으면 어떻게 회사 다니게!"라는 고함을 열아홉 살에 들으니 현실감이 없었다. "애 낳아도 다닐 수 있는 좋은 회사 가면 될 거 아냐!"라고 되받아쳤다. 저렇게 현실을 몰라서 어쩔 거니, 애 낳고도 돈 벌 수 있는 직업이 세상에 얼마나 있을 거 같니, 애써서 대학 가고 공부해서 남편이랑 애 뒤치다꺼리하며 살 거니⋯. 이런 말들은 10대 청소년에겐 먼 미래의 이야기였을 뿐이며, 그래도 나는 뭔가 다를 거란 자만이기도 했다.

여자의 직업 중 최고로 쳐주는 '교사'는, 내가 대학 입시를 준비했던 2000년대 초와 다를 바 없이 여전히 호황이다. 교사뿐만 아니라 공무원도 대표적인 여자의 직업으로, 특히 '결혼시장'에서 높은 점수를 받는다. 이런 직업들을 선호하는 이유는 다른 직업에 비해 육아휴직이 보장되고 복귀가 쉽기 때문이다. 즉, '아이를 키울 수 있다'는 부분이 가장 큰 점수를 받는 요인이다.

나에게는 오빠가 있다. 엄마는 오빠가 검사가 되길 소원했다. 법대에 가서 사법고시를 준비하기로 오래전부터 정해져 있었다. 같은 집안에서 자란 자식들이지만, 적성, 성격, 성적과 관계없이 기대하는 직업이 달랐다. 검사라는 직업은

'아이를 키우기에 좋은' 직업이 아니다. 검사가 되기까지 걸리는 시간도 길고 되고 나서도 많은 시간을 직장에 할애해야 하는, '워라밸'이라고는 없는 직업이다. 하지만 이 직업에는 권력과 명예가 있다. 부모님이 오빠에게 원하는 건 바로 이거였다.

나는 결국 내가 원하는 학과에 입학하게 되었다. 담임선생님은 나중에 후회할 거라며 졸업식에서도 내 인사를 받는 둥 마는 둥 했다. 엄마는 "입학금도 다 대출받았으니 네가 알아서 벌어서 대학 다녀"라며 화를 냈다. 대학 다니지 말고 그냥 결혼하는 게 나을 거라며, 어차피 애 낳으면 회사 관둘 건데 왜 대학을 가냐며 악담을 퍼부었고, 나는 "대학을 나와야 좋은 남자랑 결혼하지. 엄만 요즘 트렌드도 몰라?"라고 당차게 대꾸했다.

'세상이 변했는데 괜한 걱정이야. 두고 보라고, 교사 시키지 않길 잘했다고 당신들이 직접 말하게 될 테니까!'

아이를 가진 여자는 나가라

'3포 세대'라 불리는 험난한 시대에 경영학과를 갔다. 학점이 좋으니 공기업에 지원하거나 지금이라도 교직 이수를 하라는 가족들의 말을 무시하고 취업 준비를 했다. 인턴을 다섯 번이나 하고 겨우 정규직이 되었다. '정규직'이라는 이름 앞에서 나는 겨우 숨을 돌렸다.

그렇게 안전한 세상이 오는가 싶었는데, 아차! 임신을 했다. 서로 신뢰한다고 생각했던 직장 동료와 상사들에게 곧바로 이 사실을 알렸다. 당황스러워도 축하해줄 거라 생각하고 꺼낸 말이었지만, 다들 얼굴이 구겨졌다. "넌 이제 인생 끝났다"라는 말이 이어졌다.

당황한 마음에 남편에게 연락하려고 핸드폰을 켰다. 남편은 "회사 사람들에게 축하받았다. 너도 잘 말했냐"고 메시지를 보내왔다. 그때 어렴풋이 '뭔가 이상한데'라는 생각이 들었지만, 그게 무엇인지 정확하게 설명할 순 없었다.

"이래서 여자는 안 뽑는 거야."

"네 남편 연봉 얼마야? 둘이 안 벌어도 애 키울 수 있어? 그만큼 벌면 애만 불쌍한 거 아니냐?"

줄줄이 이어지는 말들은 드라마 속 대사 같았지만 엄연한 현실이었다. 기사에서나 보았던 '성차별'이 내 앞에서 펼쳐지니 어쩔 줄 몰랐다. 이미 나는 그들에게 동등한 동료가 아니라 임신한 한 명의 여자였다. 표정을 관리하지 못하니 "이 정도도 예상 못한 거냐"며 비아냥대는 소리까지 들어야 했다.

물론 진심 어린 조언을 하시는 분들도 있었다. 힘들겠지만 버티라고, 여기서 그만두면 안 되는 거라고. 그 말이 맞다고 생각했지만 버틸 수 없을 것 같았다. 여기서 퇴사하면, 다시 일할 수 있을까? 평생 애를 키우며 사는 걸까? 정말 그들의 말처럼 내 인생은 여기서 끝인 걸까? 수없이 많은 생각들이 치고받고 싸웠지만 퇴사말고는 결론이 나지 않았다.

실제로 많은 여성들이 임신과 출산을 이유로 회사를 그만둔다. 나만은 비껴갈 거라 확신했던 현실과 통계 앞에서 나는 쓰러지듯 무릎을 꿇었다. 수없이 많은 질문들에 답하지 못하고, 당장의 폭력에서 벗어나기 위해 퇴사했다.

다시 꿈꿀 수 있을까?

양육수당으로 들어오는 월 20만 원이 내가 버는 돈의 전부였다. 1년을 꼬박 모으면 240만 원이 된다. 연봉 240만 원. 무언가를 살 때마다 남편의 이름이 적힌 카드를 내밀면서 내 이름은 어딘가로 사라졌다. 아이와 부대끼는 시간이 길다 보니 어른과 대화할 틈이 없어 말이 제대로 나오지 않았다. 친구를 만나도 친구와 대화하기보다는 아이를 더 많이 신경 써야 했다.

세상은 나 없이도 잘 돌아갔고 아이를 키우는 나는 변두리로 쫓겨났다는 느낌이 강하게 들었다. 아이를 키우는 일은 너무나 중요하고 소중한 일이었지만, 아이가 자라는 동안 나는 계속 쪼그라들었다. 쑥쑥 자라는 아이는 상승 곡선을 타고 올라갔지만, 내 인생은 계속 아래로 내려가는 하향 곡선처럼 느껴졌다.

나는 살면서 '전업주부'를 본 적이 없다. 엄마부터 이모까지, 나의 주변에 있는 여자들은 모두 일을 했다. 그렇게 일해서 자기 돈을 벌었고, 그걸로 집을 사고 가정을 이끌었다. 남편과 비슷한 수준 혹은 그 이상의 돈을 벌었다. 그들을 보며 자라난 나에게 일이란 꿈의 발전적인 형태 그 이상, 곧 삶의 근간이 되는 행위였다. 그 근간을 잃어버리니 나의 존재가 무가치하게 느껴져서 견딜 수 없었다.

다시 내 이름으로 불리고, 돈을 벌고, 세상에 영향력을 발휘하고 싶었다. 그게 내가 행복해지는 가장 간단하고 핵심적인 일이었다. 아이가 3개월이 될 때부터 구인구직 사이트를 들락날락거렸다. 3년은 아이를 키우는 데 집중하라고 육아서에 쓰여있었지만 그럴 수 없었다.

하지만 현실은 녹록지 않았다. 시가와 친가 모두 지방에 있었고, '경력단절여성'을 써주는 직장은 많지 않았으니까. 재교육을 받아 새로운 길을 도모하려 해도 아침 9시부터 저녁 6시까지 마음 편하게 교육에 참여할 수 있는 아이 엄마가 몇이나 될까? 확실히 나는 아니었다.

그 와중에 남편이 창업을 해보는 건 어떻겠냐고 제안했다. 기존의 시스템에서 불리한 위치에 있으니, 아예 새로운 길을 찾는 게 더 나을지도 모른다는 이야기였다. 일하는 시간과 장소를 정할 수 있고, 창업을 통해 주도적으로 무언가를 만들고 결정한 경험이 나의 경력에 큰 도움이 될 거란 계산까지 마치고 나니, 좋은 대안이라는 생각이 들었다.

때마침 '아이돌보미'가 상주하는 창업교육을 발견했고 곧바로 신청했다. 설레고 절박한 마음을 담아 지원서를 작성했고 합격하여 교육을 받게 되었다. 아이는 6개월이었다. 아침부터 아이 분유를 타고 기저귀를 챙기면서 노트북도 함께 가방에 넣었다. 아이를 도우미 분들께 맡기기도 했지만, 잠투정을 하거나 떨어지기 싫어하면 안고 업어가며 수업을 들었다.

교육의 하이라이트는 '사업계획 발표'였다. 그때까지 배우고 구상했던 모든 걸 5분 안에 이야기하는 시간이다. 발표 준비를 시작했다. 예전에 일할 때 쓰던 방법 그대로 노트에 발표 장표를 만들었다. 아기띠를 한 상태로 식탁 겸 책상에 앉아 자질구레한 육아용품을 옆으로 싹 밀었다. 움직이면 잠들기 시작한 아이가 깰지 모르니 더듬더듬 볼펜과 노트를 잡았다. 아이 낳기 전에는 이런 작업을 수도 없이 했다. '다시 일할 수 있을까?'라는 질문이 무색하게 손과 머리는 빠르게 돌아갔다. 머릿속에서 정리된 사업 내용들이 노트에 적히기 시작했다.

그리고 정말 오랜만에 파워포인트를 켰다. 파워포인트의 로딩 화면을 보면서, 내가 다시 세상에 접속하기 위해 로딩하고 있다는 생각이 들었다. 몸이 기억하는 단축키로 작업을 하기 시작했다. 아이가 더 이상 나를 기다려주지 못하면 얼른 저장하고 노트북을 닫았다. 몸으로는 아이를 챙기고 말로는 달래주면서도 머릿속에서는 발표 생각이 멈추지 않았다. 그렇게 일주일 내내, 식탁에 노트북을 올려두고 시간 나는 대로 발표 자료를 만들었다.

드디어 발표날, 발표 직전까지 나는 아이를 안고 있었다. 앞선 발표자의 발표가 끝나고 마이크를 전달받았다. 어깨를 펴고, 허리를 세웠다. 일부러 가슴을 더 내밀어 굽어진 몸을 펴지게 만들었다. 아이는 엄마의 목소리가 스피커를 통해 울려 퍼지니 무슨 일인가 싶어 도우미에게 안겨 나를 보고 있었다. 제발 울지 않기를, 5분만 기다려주기를, 간절히 바라면서 발표를 마쳤다.

내 인생은 애를 낳았단 이유로 끝나지 않았다.

일은 일류, 육아는 이류, 가사는 삼류

일, 육아, 가사를 모두 잘해야 한다는 강박은 내 안에도 존재했다. 일을 할 수 있다는 자체가 너무 감사하다고 생각한 나머지, 뜬금없이 저자세를 취하기 시작했다. "난 '워라밸'을 이렇게 잘 맞출 수 있다고!"하며 가족에게 인정받으려 애썼다. 내가 일하는 게 가족의 행복을 무너뜨려선 안 되니까. 일, 육아, 가사 중 하나라도 빼먹으면 "일 그만 둬!"라는 소리가 나올까 봐 두려웠다. 내가 엄마라는 사실을 잊을 수 있는 순간은 없었다.

모든 걸 다 해내려고 애썼다. 하지만 일할 시간이 부족했다. 아이를 품고, 낳고, 키우느라 흘러간 시간을 따라잡아야 했다. 일, 육아, 가사, 이 세 가지를 다 잘하기 위해선 잠을 줄이거나 여유 시간을 최소화해야 했다. 식당에 가서 앉아있는 시간도 아까워서 점심은 김밥을 사서 걸어 다니며 먹었다. 소화를 시킬 겸 집에 돌아와 집안일을 했다. 세탁기 돌아가는 소리를 들으며 일하다가, 하원 시간이 되면 부리나케 아이를 데리고 놀이터로 갔다. 그 옆에서 노트북을 켜고 못다 한 일을 했다.

아이가 아토피를 앓다 보니, 아무거나 입히고 먹일 수 없어 집안일은 배로 늘어났다. 천기저귀를 쓰고 아이 입에

들어가는 음식은 다 손수 만들었다. 오죽하면 어묵도 흰살 생선을 다져 만들었을까. 알레르기가 올라오는 아이를 보면서 '내가 일하는 엄마라서 더 나아지지 않고 이렇게 심한 건 아닐까'라는 죄책감이 들었다. 밤에 꾸벅꾸벅 졸아가며 요리를 하다 남편이 사고 나겠다고 만류한 적도 있었다.

일정이 바쁠 땐 아이를 업고 돌아다니다 보니, 무릎이 망가져 물리치료를 꾸준히 받아야 했다. 이렇게 1년 가까이 몸을 혹사시켰더니 애써 만든 일할 시간에 링거 주사를 맞아야 했다. 제대로 된 식사를 하지 않고 모든 에너지를 써버리고 죽은 듯 잠이 드는 일상이 반복되니 당연한 순서였다. 병원에 누워있자니 어떻게 이 문제를 해결해야 할까 하는 생각만 들었다.

모든 걸 다 손에 쥐고 싶었지만, 그럴 수 없음을 인정하기 시작했다. 하나의 과업만 잘하기도 어려운 상황인데, 세 가지 모두에서 '보통' 이상의 성적을 받기 위해 애쓰지 말자는 생각을 했다. '못함'이라는 평가를 받아도 괜찮은 영역과 '매우 잘함'이라는 평가를 받아야만 하는 영역을 나누기로 했다. 한정된 시간과 예산이라는 현실 앞에서, 이 사회가 원하는 엄마의 삶이 아닌 내가 원하는 삶을 기준으로 순위를 결정했다.

최우선 순위는 '일'에 두고, 일에 있어서는 물러서지

않는 태도를 취하기로 했다. 물론 아이를 키우며 일을 잘하는 건 어려운 일이다. 새벽에 일어나 일을 하거나 글을 쓰는 식으로 삶의 패턴을 바꿨다. 저녁에 좋은 강의가 있으면 남편에게 일찍 들어오도록 부탁해 들으러 갔다. 아니면 아예 시간제 베이비시터의 도움을 받아서 아이와 함께 가기도 했다. 목적에 맞춰 다양한 사람들을 만날 수 있는 네트워킹 행사에도 정기적으로 참석했다. '매우 잘함'이라는 평가를 받기 위해 많은 시간과 노력을 투자했다.

그다음은 '아이를 키우는 일'이다. 육아를 잘한다는 건 무슨 뜻일지부터 고민해야 했다. 이를테면 아이의 교육 수준을 높이는 것인지, 아니면 아이와 좋은 관계를 맺는 것인지 결정해야 했다. 우리 부부는 후자를 육아의 목표와 평가의 대상으로 삼았다. 일이 끝나면 최대한 핸드폰을 멀리하면서 아이에게 집중하고, 나가서 함께 놀고, 주말엔 가족끼리 시간을 보냈다. 그리고 우리 둘이서만 감당하려고 애쓰기보다 어린이집, 시간제 베이비시터를 활용하고 주변 어른들에게도 양육을 부탁했다.

마지막은 '가사노동'이다. 육아에는 '그래도 잘해야지'라는 태도를 취했다면, 가사에는 잘하겠다는 의지 자체를 갖지 않기로 했다. 아이의 피부와 건강을 위해 애쓸 부분을 제외하고는 '현상 유지'를 목표로 했다. 건조기, 식기세

척기, 무선청소기를 사서 최대한 가사노동을 빠르게 처리했다. 또한 주 1~2회 정도 가사도우미가 와서 어지러운 집을 치워주었다. 차라리 다른 부분에서 비용을 아끼고 집안일에는 신경 쓰지 않는 방향으로 결정했다. 많이 바라지 않는다. 적당히 깨끗하면 된다.

이렇게 우선순위와 목표를 설정하고서야, 나는 일에 제대로 집중할 수 있게 되었다.

양육자도 일할 수 있는 회사

보통 회사는 구성원이 양육자가 아니거나 혹은 주 양육자가 집에 따로 있다는 전제하에 시스템이 구성되어 있다. 나처럼 주 양육자가 일을 하기 위해서는 기존과는 다른 구조를 갖추어야 한다. 아침에 출근해서 저녁에 퇴근하고, 회사라는 지정된 장소에서만 일하는 방식이 아니어야 한다.

회사를 만들면서 이 부분을 많이 고민했다. 실제로 현재 함께 일하는 네 명의 직원 중 세 명은 아이를 키우고 있다. 다들 어린이집 하원 시간이면 일을 마무리해야 하고, 아이가 아프면 휴가가 급히 필요하다. 그들뿐만 아니라 나도 마찬가지다.

그래서 '재택근무'와 '화상미팅' 등을 적극적으로 활용하고 있다. 모든 업무는 재택근무를 기본으로 한다. 우리의 미팅은 어린이집 등원 완료에 대한 상황 보고로 시작된다. "전 등원 완료요" "저는 오늘 약간 늦었어요. 등원하면 바로 말씀드릴게요!" 하고 각자의 집에서 미팅이 시작된다. 모든 내용은 문서로 바로바로 정리하면서 업무를 진행한다. 궁금한 게 있으면 간간이 전화를 하거나, 원격으로 같은 화면을 띄워놓고 서로 궁금한 점을 이야기한다. 업무용 메신저를 이용해 자신이 어떤 일을 하는지 실시간으로 공유한다.

그렇게 열심히 일을 하다가 네 시 정도가 되면 슬슬 일을 마무리한다. 아이의 하원 시간이기 때문이다. 최대한 집중해서 일을 해도 잔업이 남으면 각자의 스타일에 맞게 시간을 낸다. 누군가는 아이를 재우고 나서 밤에, 누군가는 새벽에 일찍 일어나서 보충한다. 급한 업무가 있다면 남편이 퇴근한 후에 다시 일을 이어나가기도 한다.

회의는 미리 시간을 정해두고 화상으로 진행하고, 만나서 회의를 해야 하는 경우엔 시간제 도우미를 부른다. 휴가는 당일에 내도 괜찮고 이유는 필요 없다. 아이는 예고 없이 아프기 때문이다.

공간 임대 비용이나 회식 비용 등이 필요하지 않기 때문에, 그 돈을 아이를 키우면서 일할 수 있는 환경을 만드는

데 활용한다. '우리 직원들에겐 양육해야 할 아이가 있다'라는 전제하에 모든 일들을 계획하고 처리한다면 주 양육자도 충분히 함께 일할 수 있다. 다른 기업들도 아이가 있다는 이유로 직원을 배척하고 손해를 본다고 여기기보다, 이들이 마음 놓고 근무할 수 있는 시스템을 갖추는 게 당연하다고 생각하기를 바란다.

주 양육자를 바꿀 수 있을까

모든 게 잘 풀리고 있다고 생각했는데, 어느 순간 이상하단 느낌이 들었다. 왜 남편은 이 일을 고민하지 않는 걸까? 왜 나만 열심히 육아와 일을 병행할 수 있는 시스템을 만들어가는 걸까? 비록 남편이 나를 도와주지만 그가 주도적으로 육아를 맡지 않는 한, 나는 앞으로도 육아와 일 모두를 잡기 위해 아슬아슬한 줄타기를 계속해야만 했다.

그리고 육아란 과업은 줄어들 기미가 없었다. 아이가 크면 좀 괜찮아질까 싶었으나 새로운 과업이 속속 등장했다. 젖을 떼니 이유식을 해먹여야 하고, 애가 커가면서 책이랑 장난감도 시기에 맞춰 사줘야 했다. 주말마다 어디에 가서 재미있게 놀지 고민했다. 노동이라 불리기도 애매한 노동들이 계속 쌓여 나를 피곤하고 지치게 만들었다. '이걸 언제까지 해야 하나?'라는 질문이 머릿속에서 웅웅 울렸다.

아이를 키우면서 일을 한다는 것 자체는 너무나 기쁘고 좋은 일이었지만, 그 이상이 존재하지 않는다는 생각이 들었다. 더 많은 성취를 꿈꾸기는 어려웠다. 어쨌든 남편이 하루 종일 일에 집중할 수 있도록 아이를 보는 건 결국 나였기 때문이다.

아이가 초등학교에 입학하면, 제2의 경력단절이 일어난다. 어린이집이나 유치원만큼 아이를 오래 맡아주지 않고 오후 한 시에 하교를 하기 때문이다. 또한 학교라는 새로운 시스템에 아이가 적응하기까지는 주 양육자의 많은 도움이 필요한 시기이기 때문이다.

아이가 커서 초등학교에 갈 때쯤이면 방과 후 교실의 질이 전폭적으로 높아져서 안심하고 맡길 수 있다든지, 아니면 갑자기 누가 우리 아이를 봐주겠다며 나타난다든지 하는 상황은 기대하기 어렵다. 그때마저도 내 인생에 브레이크가 걸린다면, 가뜩이나 힘든 나에게 너무나 억울한 일이 될 게 뻔했다.

그렇다면 남편과 나의 위치를 바꿔보면 어떨까? 남편에게 아이가 초등학교에 입학하면 내가 경제적인 부분을 책임지고 당신이 주 양육자가 되면 어떻겠냐고 제안했다.

경제활동을 하며 임금이 계속 높아지는 남편의 위치에 내가 서고, 그가 나와 아이를 지원하면서 돈을 버는 형태(재택근무나 시간제 근무)로 바꿔보자고 말이다.

자신의 경력에 많은 관심과 노력을 기울이는 남편이라 거절하면 어떻게 해야 하나 고민했건만, 남편은 흔쾌히 그러자고 했다. 그리고 자기도 경제적 가장으로 계속 지내는 것에 대한 부담감이 있다고 털어놨다. 남편 또한 기울어진 운동장에서 힘겹게 '남자의 역할'을 하고 있었다.

대신 남편도 조건을 걸었다. 아이가 초등학교에 입학하기 전까지, 내 수입이 자기 수준만큼 될 수 있도록 최선을 다하라고 했다. 어쨌든 둘이 위치를 바꿔도 가계 경제에 큰 무리를 주지 않아야 한다는 현실적인 이야기였다. 아름다운 '자아실현'에 가까웠던 나의 일에 현실의 무게가 확실하게 더해졌다.

'여자'라서가 아니라 '나'라서 꾸는 꿈

나름대로 일할 수 있는 체계를 만들기 위해 수많은 시도와 노력을 했지만, 지금도 빈틈이 모두 메워지지 않는다. 그 빈틈은 '죄송하다'는 말로 메우고 있다. 아이가 아파서 미팅을 변경해야 합니다. 죄송합니다. 아이의 방학 때문에 이 일은 맡기 어렵습니다. 죄송합니다. 제가 지금 일이 끝나서 20분 뒤에나 어린이집에 도착할 예정입니다. 죄송합니다. 아이 때문에 제가 일찍 가봐야 합니다. 죄송합니다. 아이를 데리고 가도 될까요? 봐줄 사람이 없습니다. 정말 죄송합니다….

죄송하다고 말한 만큼 빈틈이 채워지는 건지는 잘 모르겠다. 고개를 숙이고 허리까지 숙일 때마다 '내가 일하는 건 죄인가?'라는 생각이 머리를 스쳐 지나간다. 그렇다면 누구에게 죄를 짓고 있는 걸까? 나의 사정을 봐주는 상대방에게? 여자로 태어난 나에게? 가족에게? 혹은 모두에게?

아이의 성장을 엄마의 성과처럼 여기는 한국사회에서, 아이를 잘 키우는 것이야말로 내가 진정으로 이뤄야 할 과업처럼 느껴진다. 남편에게 조금이라도 좋은 기회가 생기면 일하지 않고 '내조'하는 게 경제적으로 더 나은 선택인 듯싶다. 고작 베이비시터 비용이나 간신히 건지는 돈을 버느니 차라리 애나 잘 키우라고 하는 얘기도 참 많이 들었다. 다들 엄마는 언제나 누군가의 보조로, 말 그대로 그냥 '엄마'로 존재하길 바란다.

그럴 때마다 나는 '엄마가 아닌 나'에서 시작해서 '며느리, 딸, 그리고 여자가 아닌 나'까지 생각해본다. 그렇게 하고 남은 '나'는 어떤 선택을 내릴지 상상해본다. 아무도 신경 쓰지 않는다면 나는 과연 어떤 꿈을 꿀지 가만히 들여다본다. 이 상상이 어려울 때는 간단히 '내가 남자라면 혹은 남편이라면'이라고 가정해본다.

물론 현실은 녹록지 않다. 과감하게 지른 목표는 어느 순간 대폭 수정되고, '애가 중학생 정도 되면'이라는 먼 미래로 미루기도 한다. 아무리 생각해도 건강이 최고라서 모든 걸 다 하는 건 무리고, 우선 올해는 여기까지만 하자며 슬그머니 꼬리를 내리기도 한다. '이 정도면 충분하잖아?'라는 자기합리화와 함께.

그래도 끝까지 나를 포기할 생각이 없다. 입으로는 "일 그만둘까 봐"라고 말하면서도, 사실은 그러고 싶지 않다. "죄송합니다"라는 말을 수없이 더 하게 되더라도 내가 원하고 꿈꾸는 삶을 살고 싶다. 엄마라는 굴레에서 벗어나 조금이나마 주도적인 삶을 느껴보니 벗어날 수 없다. 인생의 주인인 기분. 두렵고 무섭지만, 그래도 죽지는 않고 살아있으니 계속 가볼까 하는 그런 기분.

놀이터에서 애가 노는 걸 보면서 간간이 메일을 확인하는 게 그다지 서글프지 않다. 굳이 재즈나 클래식을 틀어놓지 않고 동요가 흘러나오는 장소에서도 일은 된다. 이렇게 해서라도 나를 잃지 않는다면 그렇게 하겠다. 내가 '선택한' 불행은 가족, 사회, 국가가 '쥐여준' 행복보다 소중하다.

09

이제야,
시어머니가
진심으로 궁금하다

가연

시어머니가 보면 서운해할 것 같아서
필명을 쓴 매너 있는 여자.
시가와 적당한 관계가 아닌 건강한 관계를 맺기 위해
지나친 친밀함을 거부하는 중.

처가가 사위를 어려워하듯,
왜 시가는 며느리를 어려워하지 않나?

피할 수 없는 관계의 시작

나는 사람이 살아가는 데 인간관계가 가장 중요하다고 생각하는 편이라, 누군가와 친밀해지는 데 시간이 오래 걸린다. 적당히 거리를 두고 탐색하면서 마음이 통하는 사람을 찾고, 천천히 신뢰를 쌓은 후에야 그 거리를 좁힌다. 넓고 얕은 관계보다 좁지만 편안하고 안정된 관계를 추구한다.

그러나 관계에 대한 나의 이런 의지를 꺾은 최초의 존재가 있었으니, 바로 '남편의 가족들'이다. 공유하는 추억 하나 없는 사람들인데 나이, 성격, 가치관과 상관없이 갑자기 내 삶의 일부가 되었다. 마음을 나누며 서로를 탐색하는 중간 과정 없이 훅 들어왔다. 종교나 취향이 달라도, 추구하는 삶의 방향이 달라도 그런 건 중요하지 않았다. 남편과의 결혼을 선택했다는 이유만으로 그들을 받아들여야 했다. 피할 수 없는 관계의 시작이었다.

'피할 수 없으면 즐기라'고 하지만 불편함을 즐길 요령도, 의지도 없는 나는 '즐길 수 없으면 피하자'는 주의로 살아왔다. 관계에서 스트레스를 받고 싶지 않았기에 잘 맞지 않는 사람은 빨리 정리했다. 부당한 일을 마주하면 적당히 맞추고 순응하기보다 관계가 틀어질지언정 할 말은 했다. 친구나 선배뿐만 아니라 연구를 가장하여 노동 착취를 일삼는 지도교수에게도 '이건 아닌데' 싶으면 참지 않고 말하곤 했다.

하지만 남편의 가족들에게는 그럴 수 없었다. 즐겁지 않다고 피할 수 없었고, 하고 싶은 말을 다 할 수도 없었다. 남편이 아무리 나와 잘 맞는다 해도 그의 가족들까지 그렇지는 않다. 남편을 사랑하지만 그 이유 하나만으로 남편의 가족 모두를 사랑할 수는 없다.

처음 경험하는 이 불편한 관계를 어떻게 헤쳐 나가야 할지, 출구 없는 미로에 갇힌 기분이었다. 물론 남편 역시 결혼과 동시에 나의 가족과 피할 수 없는 관계를 맺어야 했기에 입장이 비슷해 보였지만, 며느리와 사위는 역할도, 존재감도 완전히 달랐다.

'처갓집' 간판만 봐도 화가 났다

남편과 골목을 걷다 '처갓집'이라는 간판을 보고 자연스럽게 내가 평소 느끼던 부당함에 대해 말을 꺼냈다.

"나는 처갓집 간판만 봐도 화가 나고 자존심이 상해. 남자들은 '처가에 간다, 처갓집에 간다' 하는데, 여자들은 무조건 '시댁'이라고 높여야 하잖아. 똑같이 본가를 칭하는데 여자 쪽 집안만 하대하는 게 이상하지 않아?"

남편 집안에 비해 아내 집안이 존중받지 못하는 현실을 이해시키려 했던 건데 남편은 내가 느끼는 부당함을 이해하거나 공감하기는커녕 '처갓집'이 낮추는 표현이 아니라 그만큼 편안하다는 의미에서 친근하게 부르는 것뿐인데 별걸 다 기분 나빠한다며 타박했다. 그날 말다툼 이후 나도 '시댁'이라는 존칭 대신 편안하고 친근한 '시가'라는 표현을 사용한다. 내가 그렇게 말하는 것을 언짢게 생각하는 사람들도 있다. '처가'는 아무렇지 않던 사람들이 왜 '시가'에는 놀라고 불편해할까?

남편이 인정하든 아니든 사위와 며느리는 엄연히 격이 다르다. '사위는 백년손님'이라고 하지 않나. 사위는 소홀히 대할 수 없는 존재다. 반면 '백년손님 며느리'라는 말은 어색하다. 이미 사회적으로 굳어진 며느리의 위치와 역할이 억압과 차별로 다가왔다. 내가 누군가의 며느리라는 사실 자체가 너무 싫었다.

이런 일도 있었다. 친정 엄마의 생일을 맞아 온 가족이 가족 여행을 갔을 때였다. 가장 먼저 일어난 남편이 쌀을 씻어 아침밥을 했는데, 엄마는 사위가 밥을 지었다는 사실에 어쩔 줄 몰라 했다. 밥을 한 술 먹어보더니 연신 감탄사를 쏟아내며 칭찬을 아끼지 않았다.

"세상에, 너무 맛있네. 자네는 밥도 잘하네. 딸보다 낫네. 우리 사위 최고야!"

과장된 칭찬과 감탄사에 나도 먹어보았다. 그런데 맛있기는 뭐가 맛있다는 건지, 밥이 설익어서 꼭 돌을 씹는 것 같았다. 엄마는 사위가 해준 밥을 먹는 게 그토록 감동적이고 또 불편했나 보다.

시가에서 밥하는 것만으로 '엄지척' 대우받는 며느리가 얼마나 될까. 사위 비위를 맞추려는 엄마의 모습에서 자존심이 상하는 것은 나였다. 사위 눈치 보지 말라고 당부해도 소용없다. 60년 이상 남성중심 가족제도에서 살아온 엄마의 세계관은 쉽게 바뀌지 않는다. 누군가의 며느리인 언니들도 내 편은 아니었다. 뭐 대단한 것도 아니고 단지 밥을 했을 뿐인데, 이렇게 자상한 남편과 사는 내가 복 받았다며 부러워했다.

'며느리'에서 한 '사람'으로

한국사회에서 며느리와 시가 사이에는 힘의 불균형이 존재한다. 학생이 선생님을 어려워하고 회사원이 직장 상사를 어려워하듯, 며느리는 시가 사람들이 어렵다. 서비스업 종사자들이 무례한 손님을 참아내듯, 며느리는 남편의 가족들 앞에서 낮은 자세를 취한다. 자유롭게 말하고 행동하기 쉽지 않다. 순종하며 갈등을 유발하지 않는 것이 며느리가 갖춰야 할 덕목이다.

며느리가 어떤 성향의 사람인지, 뭘 좋아하고, 뭘 싫어하는지 잘 모르는 채로 대부분의 시가 사람들은 거침없이 말하고 행동한다. 며느리의 신체적, 정서적인 영역은 존중받지 못하고 쉽게 침범당한다. 처가가 사위를 어려워하듯, 왜 시가는 며느리를 어려워하지 않나? 왜 일방적으로 대우받으려고만 하나?

일상적인 성차별에도 분노하며 싸우기를 마다하지 않는 나도 그 관계 안에서는 속수무책이었다. '며느리 사표'라는 말에 혹하여 나도 그 통쾌한 사표를 써볼까 몇 번을 고민했다. 결혼 전 성격대로라면 즐길 수 없는 이 관계를 피해야 했지만 문제는 그렇게 간단하지 않았다. '갑'이었던 지도교수에게 꼬박꼬박 할 말을 할 수 있었던 것은 그와 나의 관계가 둘만의 문제였기 때문이다. 관계가 틀어지면 나 혼자 감당하면 됐다.

그러나 가족 관계는 나만의 문제가 아니다. 남편, 아이, 친정 식구들까지 얽히고설킨 복잡한 문제다. 내 마음 편하자고 인연을 끊으면 여러 사람들이 상처 입고 불편해지기에, 칼로 무 자르듯 처신하기 어려웠다. 결혼 후 관계 맺기는 결혼 전의 그것보다 난이도가 훨씬 더 높았다.

누군가는 '며느리의 삶'에 대해 아무런 생각도 하지 말라고 했다. 생각하지 않는 며느리가 사랑받을 수 있고 행복하게 살 수 있다고. '자아'를 내려놓고 '며느리'라는 배우가 되어 충실하게 역할극을 하면 무탈하게 결혼생활을 할 수 있다고 했다.

이러지도 저러지도 못하고 끙끙 앓았다. 해가 바뀌어도 달라지는 것은 없었다. 그대로 남성중심 질서에 맞추며 살자니 억울한 마음이 문득문득 나를 괴롭혔다. '친밀'을 가장한 '무례'에 자존심이 상했다.

오랜 시간 부대끼다 보면 고운 정 미운 정이 쌓인다지만, 가부장제에 굴복하면 할수록 억울함만 커져갔다. 목구멍까지 차오르는 말들은 돌덩이가 되어 가슴에 쌓였다. 그렇게 억지웃음을 짓는 일이 반복되던 어느 날, 이대로 살 수는 없다는 생각이 스쳤다.

그동안 며느리가 낮은 자세로 살아야 했던 결정적 이유는 시가(남성)의 권력을 계속 용인해줘서다. 그들이 먼저 태도를 바꾸기 힘들다면 며느리가 변화의 주체가 되어 관계의 흐름을 바꿔야 한다. 상대의 변화를 기다리기에 인생은 짧다. 나는 계속 소모되고, 상대와의 감정의 골은 더 깊어질 게 뻔했다. 내 편은 아무도 없었지만 혼자서라도 대안을 찾아야 했다.

나는 '적당한' 관계보다 '건강한' 관계를 원했다. 이러한 변화를 위해 가장 먼저 한 일은 '며느리'가 아닌 한 '사람'으로 당당하게 서는 것이었다. 나는 언제 기분이 나쁜지, 어떤 상황을 이해할 수 없는지, 무엇을 감당할 수 없는지 스스로에게 물었다. 그러니까 앞으로 남편 가족들과 내가 어떤 방식으로 인연을 이어가면 좋을지를 물은 것이다.

적당한 거리에 선을 그어놓고 관계를 맺던 나의 원래 방식대로, 시가 사람들과 다시 관계 맺기를 시도했다. 아무런 준비 없이 갑작스럽게 가까워진 거리를 멀리 떨어뜨리기 위해 노력했다. 역할에 충실하기보다 며느리도 생각과 감정을 가진 한 명의 인간임을 드러냈다. 괜히 주눅든 태도를 버리고 '사람 대 사람'으로 마주하려 노력했다. 내 욕구를 파악하고, 불편한 감정을 알리는 순간 갈등이 생겼지만 그러한 과정 없이 변화는 불가능했다.

시가의 전화를 거부할 자유

나는 친한 친구나 친정 가족들에게조차 안부전화를 자주 하지 않는다. 용건이 있을 때나 전화하고, '정말 가끔' 누군 가가 잘 지내는지 궁금하면 통화 버튼을 누른다. 그런데 이 상하게도 결혼을 하니 시가에 전화하는 일이 '의무'로 주어 졌다. 전화를 받는 것도, 하는 것도 어색하고 불편했지만 거 부할 용기가 없었다. 제때 전화를 받지 않거나 하지 않으면 마음이 영 찝찝해 깍듯하게 답하곤 했다. 안부전화를 안 하 면 '도리'를 다하지 못한 '나쁜 며느리'가 된 기분이 들었다.

전화뿐만이 아니었다. 남편 가족들의 생일과 선물을 챙기는 것도 당연히 나의 일이었다. 내가 안 하면 남편도 안 했다. 남편은 친정 가족들에게 주기적으로 안부전화를 하지 않아도 아무런 추궁을 받지 않았는데, 왜 나만 이토록 감정 노동을 해야 하는지 의문이 들었다. 안부전화가 뭐 어렵냐 고 생각할 수도 있지만, 권력이 작동하는 일에는 묘하게 자 존심이 상한다.

내가 불편하다고 표현하지 않으면 괜찮은 줄 안다. 계 속 기대하고 요구한다. 의무적인 안부전화를 하지 않겠다는 내 의사를 명확히 알리기로 했다. 솔직하게 말하고 행동하 는 것이 쉽지는 않았다. 걸려온 전화에 "전화하지 마세요!"

라고 말할 용기가 나지 않아서 '침묵'으로 대응했다. 시가에
서 전화가 와도 받지 않았다. 부재중 전화를 확인하고도 연
락하지 않았다. 전화하지 않을 자유, 전화받지 않을 자유는
내게 있으니까.

통화를 거부했다. 최대한의 정중한 의사 표현이었다.
내가 불쑥불쑥 걸려오는 전화에 불편함을 느꼈듯, 시어른은
며느리가 전화를 안 받아 괘씸하고 답답했을 것이다. 감히
시어른을 무시했다는 죄책감이 들었지만 꿋꿋하게 버텼다.

내 뜻을 충분히 전달했다고 생각했건만, 시가에 가면
안부전화를 하지 않는 며느리 얘기가 도마 위에 올랐다. '누
구네 며느리는 일주일에 한 번씩 전화를 한다' '부모에게는
전화만 한 효도가 없다'는 식의 말을 꺼내며 서운함을 그대
로 표현했다. 그 일은 내 일이 아니라는 사실을 명확히 알려
야겠다는 생각으로 남편을 끌어들였다.

"애들 아빠가 요즘 바쁜가 보네요."

"당신 어머님께 전화 좀 자주 해. 서운하시게 왜 전화
를 안 해?"

시어머니 본심을 알아도 모르는 척, 들어도 못 들은 척
남편을 타박했다. 안부전화와 나 시이에 신을 그었다. 시가
에 안부를 물어야 할 사람은 내가 아닌 남편이다. 상대의 일
상이 궁금할 만큼 친밀한 관계는 하루아침에 강압적으로

만들어지지 않는다. 서로에 대한 신뢰와 존중이 충분히 쌓여야 가능하다. 그렇지 않고 의무와 역할로 거리를 좁히려 하면 부작용이 따른다.

잠깐이나마 너무 '못된 며느리' 같다는 자책을 하기도 했지만, 결과적으로 안부전화에서 벗어나게 되었다. 내게 걸려오는 전화는 점점 줄었고, 이제 시어머니는 내가 아닌 남편에게 전화한다.

변화의 시작은 작은 균열에서부터

명절은 가부장제 종합선물세트 같은 날이다. 풍요로운 명절은 명절 전부터 만들 음식을 고민하고, 장을 보고, 재료를 손질하고, 지지고 볶고, 치우는 여성들의 노동으로 만들어진다. 요즘 시대에 성차별이 어디 있냐고, 여성상위 시대 아니냐고 되묻는 사람들이 많지만, 여전히 많은 여성들은 남성 가족들의 즐거운 명절을 위해 육체노동과 감정노동을 감수하고 있다.

아이들은 어른들이 살아가는 방식을 그대로 보고 배우는 스펀지 같아서, 명절 때마다 남성중심문화를 보여주는 것이 마음에 걸렸다. 혁명가처럼 '명절 없애기 운동 본부'라도 만들고 싶었지만, 나 하나 때문에 다른 가족들이 명절에 느끼는 행복이 사라지는 건 아닐지 고민이 깊었다. 적극적으로 대응할 수도 없고, 그렇다고 순응할 수도 없으니 뭔가 새로운 전략이 필요했다.

남편을 변화시키는 일부터 시작했다. 남자 집안을 우선시하는 것, 부부를 동등하게 대하지 않는 것, 여성이 남성을 위해 끝없이 '서비스'하는 것, 성역할 고정관념을 유지시키는 것, 이를 통해 남성중심 질서를 공고히 하는 것 등 명절문화가 얼마나 문제가 많은지 끊임없이 얘기했다. 그리고 우리 아이들이 이런 상황을 지켜보며 성차별적인 문화를 습득하고 있다고도 했다.

긴 설득 끝에 결국 남편도 이 상황이 불합리하다고 생각하게 되었고, 미안하다며 작은 실천을 약속했다(본인 집 차례 때문에 내가 친정 아빠 차례에 참석하지 못하는 건 어쩔 수 없다고 말하긴 했지만). 그래도 나를 이해해보려는 따뜻한 한마디에 마음은 한결 가벼워졌다.

남편이 당연하던 일을 의심하고 질문하기 시작하자, 명절 풍경에 긍정적인 균열이 생기기 시작했다. 그동안은 명절에 당연히 시가부터 갔는데 최근에는 친정에 먼저 들렀다. 친정 엄마에게 명절 인사를 드리고 아빠 차례를 함께 준비하며 하루 이틀 머물고 난 후에 시가로 향했다. 이러면

서 마음의 짐을 조금이나마 덜었다. 또한 아이들에게 '명절
=엄마(여자) 집안이 뒷전인 날'이라는 공식이 생기지 않을
것 같아 안도감이 들었다.

시가에서는 손님처럼 가만히 있었는데, 그게 그렇게
가시방석 같았다. 내가 움직이지 않으면 결국 그 노동은 전
부 시어머니의 몫이 되었다. 그게 안타까워 몸을 움직이면,
이 집 자식들은 가만히 있는데 왜 객식구인 내가 이렇게 열
심히 돕고 있는지 자괴감에 빠지곤 했다.

남편에게 강력하게 얘기했다.

"당신이 열심히 움직여."

새벽에 시어머니가 일어나서 부엌일을 시작하면 남편
이 도왔다. 전을 부치고, 상을 펴고, 반찬을 날랐다. 밥 먹고
나면 설거지를 하기 위해 남편이 먼저 일어섰다. 전체 여성
의 노동이 줄어드는 게 중요하다는 내 말에 남편은 매 끼니
집에서 먹지 않도록 외식을 유도하거나 음식을 사오기도
했다. 여성들의 노동 총량이 줄었고, 내 마음도 편해졌다.

처음에는 어색해하던 가족들도 차츰 적응하면서 자연
스럽게 받아들이기 시작했다. 남편의 노력은 견고하던 남성
중심 질서에 작은 균열을 내고 있다. 가끔 이전 세대 아빠들
이 부럽다며 푸념하기도 하지만, 딸을 생각하면 세상이 바
뀌긴 바뀌어야 한다며 솔선수범한다. 이런 아빠의 모습을

보며 성장한 우리 아이들은 성역할 고정관념에서 조금은 자유로울 수 있으리라.

명절 차례를 없애거나 가족 여행을 떠나거나 각자의 집에서 따로 보내거나 하는 식으로 파격적이지는 않지만 우리집 명절은 기존 질서 속에서 아주 조금씩 진화하고 있다. 그럴수록 내가 느끼던 부당함과 불편함도 조금씩 해소되고 있다. 작은 균열이 큰 변화의 시작이 되리라 믿는다.

"나는 여자 편"이라는 시어머니

"이제 벌초 안 하고, 제사도 안 지낸다."

시어머니는 오랜 고민 끝에 결단을 내렸다. 시아버지 산소를 정리한 거다. 산 중턱에 모신 유골을 화장하겠다고 종종 얘기했는데, 일사천리로 일을 진행하더니 앞으로는 벌초도 제사도 더 이상 신경 쓰지 말라고 했다. 시어머니의 결단에 놀란 것은 남편이었다. 벌초라고 해봐야 일 년에 한 번뿐이고 제사도 약소하게 지내고 있어서 큰 부담은 아니었는데, 자식들과 상의 없이 혼자 결정하고 실행했다는 사실에 남편은 서운해했다. 아들인 남편 입장에서는 서운할 수도 있지만, 며느리인 나로서는 제사가 없어진 게 내심 반가웠다. 그리고 그런 결단을 내린 시어머니를 다시 보게 되었다. 그동안 변한 게 남편만은 아니었다.

"시대가 달라졌으니까 남자들도 설거지해야지."

요즘 시어머니는 남편에게 설거지를 시킨다. 애 둘 키우는 게 보통 일이 아니니까 부인에게 잘하라거나, 육아하는 게 곧 돈을 버는 거니까 회사 다닌다고 유세 부리지 말라는 당부도 잊지 않는다. 당신이 살아온 삶에 비하면 나의 삶은 편안하고 쉬워 보일 텐데도, 그 둘을 쉽게 비교하지 않는다. 시대가 좋아졌어도 여전히 여자의 삶은 불쌍하고 힘들다며 내 편을 들어준다. 사십이 넘은 딸에게도 결혼하라는 그 흔한 잔소리 한 번을 안 한다. 오히려 비혼으로 살 거라는 딸에게 잘 생각했다며 응원을 해준다.

"자식들은 오면 반갑고, 빨리 가면 더 반가운 거다. 나 힘들게 하지 말고 어서 일어나서 친정으로 가거라."

명절에 계속 친정으로 등 떠미는 사람은 시어머니다. 아무리 잘해주고 일을 안 시켜도 며느리에게는 이곳이 불편하다는 사실을 누구보다 잘 이해하고 있다. 떠나는 발걸음이 가볍도록 늘 농담을 보탠다. '여자의 적은 여자'라는데, 어느덧 시어머니는 적이 아닌 방패 같은 존재가 되었다.

"나는 여자 편이다. 다시 태어나면 결혼 안 하고 자유롭게 살 거다. 결혼은 여자 손해다."

며느리 앞에서도 스스럼없이 이런 얘기를 하며 결혼생활이 여성을 얼마나 힘들게 옭아매는지, 남편과 자식들에게 헌신하는 삶이 얼마나 고생스러운지를 적나라하게 고발하곤 한다. 그럴 때면 든든한 지원군을 얻은 것 같다. "나는 여자 편"이라는 시어머니의 말이 귓가에 맴돈다. 오랫동안 시가에 적대적이던 감정이 조금씩 사라지고 그들이 새롭게 보였다.

그런 시어머니와 내가 인간적으로 친밀해질 수 없었던 것은 가부장제 때문이다. 시어머니는 정이 많고, 호탕하고, 꽤 진보적인 사람이었지만 그런 사람도 수십 년 자신을 옭아매온 가부장제를 뛰어넘기란 어려운 일이다. 어쩌면 수많은 여성들은 가부장제에 짓눌려 서로를 악역으로 내모는 것일지도 모른다. 가부장제가 병폐의 원인인데도 당장 눈앞에 보이는 고부끼리 원망하고 갈등하는 것이다.

심심치 않게 들려오는 '고부 갈등' 사례 역시 시어머니와 며느리를 멀어지게 만드는 요인 중 하나다. 부정적인 이야기를 너무 많이 접하다 보면 시어머니를 경험하기도 전에 지레 겁을 먹고 거리를 두게 된다. 경악할 만한 고부 갈등 이야기는 남편의 정신승리(그래도 우리 엄마는 저 시어머니보다는 낫지 않냐) 또는 며느리의 자기 위안(그래도 우리 시어머니는 양반이네)으로 이어지고, 급기야 문제를 제대로 바라보지 못하게 만든다. '여적여(여자의 적은 여자)' 프레임의 승자는 결국 가부장제다.

페미니즘을 공부하며 여성과 남성의 삶을 구조적으로 바라보니, 친정 엄마와 시어머니 또한 가부장사회의 피해자라는 사실을 깨닫게 되었다. 가족을 위해 희생하며 살아온 어머니들, 온갖 차별과 폭력을 견디며 혹독한 시대를 지나온 어머니들, 그러면서도 딸보다 아들을 더 소중하게 여긴 어머니들, 자신을 힘들게 만드는 구조를 스스로 굳건히 떠받친 어머니들…. 처한 환경에서 최선을 다해 살아온 그들을 탓할 수 있을까? 그들의 치열했던 삶이 안타깝고, 아프고, 또 존경스럽다.

나는 '여자의 적은 여자'라는 말에 동의하지 않는다. 여자의 적은 가부장제다. 대부분의 여자는 누군가의 딸로, 아내로, 엄마로 살아오며 가부장제의 억압을 몸소 겪었기에, 그 누구보다 '여자의 입장'을 깊이 이해할 가능성을 지녔다. 며느리의 입장을 헤아리고 존중하고 배려하는 시어머니들이 점점 많아지고 있다. 앞으로는 '고부 갈등'보다 '고부 연대'가 더 많이 회자되길 기대한다. 시어머니와 며느리가 함께 명절 파업을 하며 직접 문화를 바꿔가는 이야기들이 더 많이 알려지기를 바란다.

고부 연대 사례가 많이 알려질수록 시어머니들도 자극

받아 스스로를 돌아보게 될 것이고, 순응하던 며느리들도 역할에 작은 균열을 내볼 용기를 가질 수 있을 것이다. 여성들의 연대야말로 가부장제라는 견고한 성을 무너뜨리는 지름길이다.

가벼운 관계가 더 깊은 정을 만든다

결혼 7년 차, 지나치게 가까워진 거리를 떨어뜨리고 사람 대 사람으로 관계를 맺은 시간이 쌓이니 이제야 진심으로 그들이 궁금해진다. 내가 '약자'라는 피해 의식이 사라졌다. 시가 사람들을 향한 적대감도, 관계에 대한 스트레스도 줄었다. 가벼운 관계가 더 깊은 정을 만든 셈이다.

자주 만나고 소통하면 더 가까워져서 마음을 쉽게 열 것 같지만 그렇지 않다. 접촉의 '빈도'나 '강도'보다 상대에게 존중받고 있다는 '믿음'이 중요하다. 그 신뢰가 쌓일 때까지 적당한 거리를 유지하며 서로의 감정을 살피는 과정이 필요하다. 세상에 당연한 관계란 없다. 날 낳고 키워준 부모라 할지라도 상처와 고통을 준다면 멀리하고 싶은 게 사람 마음이다. 하물며 결혼을 했다는 이유만으로 갑자기 가족이 된 사람들이라면 더더욱 각별히 살피고 조심해야 마음을 얻을 수 있을 것이다.

　나와 시가는 '남편'이라는 비무장 지대를 사이에 두고 계속 뭔가를 시도 중이다. 서로가 감당할 수 있는 방식으로, 상대의 마음을 살피면서 반걸음씩 물러났다. 부담 없이 편안한 이 거리가 계속 평행선이 될지, 더 멀어질지, 조금씩 가까워지다 결국 만나게 될지, 아직은 잘 모르겠다. 이 정도면 훌륭하다 싶다가도 사소한 말 한마디에 절망적인 순간이 찾아오곤 한다. 남편이 사랑하는 사람들이니 예의를 지키자는 마음과 언제든 '며느리 사표'를 던질 마음이 공존한다. 개선은 되었지만 여전히 불안한 관계. 한동안은 이 평행선을 유지하며 변화의 방향을 고민할 생각이다.

　며느리와 시가는 더 건강한 관계로 나아갈 수 있다. '친딸처럼 살갑게 지내기'와 '인연을 끊고 남으로 살기' 사이에는 다양한 방식이 존재한다. 관계의 중심에 '나'를 두면 변화가 시작된다. 사회가 정해준 며느리 역할에 충실하기보다 나 자신을 지키는 것이 중요하다. 감정을 누르고 참으며 시가에 인정받기 위해 애쓰기보다는 나를 드러내면서 상대방이 나를 알아갈 기회를 주어야 한다. 며느리인 나를 드러내는 과정은 괴롭지만 충분히 가치가 있다.

　마음에 상처가 없어야 사랑이 싹튼다. 가부장제에 순응하면 할수록 상대를 사랑하는 힘을 잃게 된다. 가족들과 더 큰 사랑을 나누기 위해서는 가부장제 말고 다른 게 필요하다. 폭력 없는 관계가 오래간다는 것은 불변의 진리 아닐까. 이제 어떻게 하면 덜 폭력적인 관계로 나아갈 수 있을지 고민할 때다.

10

55년생 오한옥

조슬기

소설가 지망생.
『해리포터』를 쓴 조앤 롤링처럼 집안일은 포기했다.
아기를 낳고, 엄마와 나를 새롭게 알아가는 중.

"이제 엄마 오시지 말라고 해요."
그 말에 내 입에서 쏜살같이 한마디가 튀어 나갔다.
"엄마 없으면 안 돼요!"

할머니의 삶

엄마는 아침 6시 20분에 일어난다. 가장 먼저 전기압력밥솥에 밥을 안친다. 전날 밤 끓여둔 김치찌개가 가스레인지 위 양수 냄비에 한가득이다. 계란말이, 가지조림은 냉장고에 있을 때도 있고 없을 때도 있다. 이 정도면 아빠 혼자 밥을 차려 먹을 수 있다. 세수하고 머리 감고 옷을 챙겨 입은 뒤 6시 50분에 집을 나선다.

종종걸음으로 10분, 옆 동네 아파트 단지로 향한다. 오빠 부부 출근 시간인 7시에 맞추려면 서둘러야 한다. 대문 번호 키 네 자리를 누르고 들어간다. 자기 집은 아니지만 자연스럽다. 몇 년째 이 일을 해왔다.

엄마가 태어난 지 5개월 된 조카를 돌보기 시작한 건 7년 전. 맞벌이하는 새언니는 아기가 어릴 때 시부모 집에 들어와 살았다. 오빠는 자기 집에 혼자 남아 출퇴근했다. 남편 없이 시부모와 시누이 셋이 사는, 방 셋 화장실 하나, 지은 지 20년 된 열네 평 집에 갓난아이만 데리고 들어와 산다는 게 쉬운 결정은 아니었겠지만 선택지가 없었다.

아기가 눈뜰 때부터 새언니가 퇴근할 때까지 온종일 아이를 돌보는 건 엄마의 몫이었다. 바람 숭숭 들어오는 낡은 화장실에 젖먹이를 들일 수 없다고, 사시사철 아빠와 안방에 물통을 날라와 씻겼다. 매일 세탁기를 돌리고, 기저귀가 새면 똥 묻은 옷과 담요를 손빨래했다. 분유를 타고 젖병을 소독하고 아기를 안고 얼렀다. 이 외에도 무수하게 따라붙는 육아의 모든 일과 본래 하던 집안일을 혼자 감당했다. 엄마 나이 57세, 아직 환갑이 되기 전에 말이다.

두 돌이 되자 조카는 차로 5분 거리인 어린이집에 다녔다. 오전 아홉 시에 등원해 오후 네 시 하원했다. 전보다는 육아가 나아졌다. 엄마는 운전을 할 줄 몰랐기에, 아빠가 늘 운전을 해주어 등하원을 시킬 수 있었다. 아빠 혼자 그 일을 한 적은 없다. 비가 오나 눈이 오나 감기에 걸렸을 때나 조카를 책임지는 것은 오로지 엄마였다. 물론 아이가 어린이집에 갔다고 누워서 쉴 시간은 없었다. 밀린 집안일을 해야 했으니까.

조카는 쫓아다니며 떠먹여줘야 했다. 밥 먹이는 게 늘 고역이었는데, "왜 잘 안 먹냐"고 물으면 "할머니가 맛있는 거 안 해줘서"라고 야무지게 답했다. 그럴 때 새언니가 같이 있으면 민망했다. 자식들 어렸을 때처럼 햄을 구워줄 수도 없고, 돈가스라도 튀겨주고 싶어도 에어프라이기는 너무 어려웠다.

시간이 흘러 어린이집 등하원은 유치원 등하원으로 바뀌었다. 사이사이 방학에는 일이 더 많고 바빴다. 조카는 툭하면 병원 갈 일이 생겼다. 기침하거나 콧물이 흐르면 엄마는 아이를 데리고 곧장 소아과로 달려갔다. 물약에 가루약을 타 먹였고 상태를 주시하다 저녁에는 새언니에게 상세히 알렸다. 조카는 이제 여덟 살이 돼 초등학교에 입학했다. 엄마는 조카를 키우며 예순넷이 됐다.

엄마 고생시키지 말고 빨리 이사 와

지난해 나는 첫아이를 임신했다.

"엄마 고생시키지 말고 빨리 이사 와."

오빠가 힐난하듯 말했다.

'그래, 엄마는 그럴 사람이지. 먼 동네 살아도 몸이 혹사당해도 딸 산후조리 위해 밥해주고 청소해주러 겨우 쉬는 주말을 포기할 사람.'

12월 추운 겨울, 임신부인 나는 부른 배를 잡고 이사를 했다. 이렇게 엄마 집, 오빠 집, 우리집이 도보 15분 거리 내로 모였다. 한동안 엄마는 삼각형을 그리며 세 집을 하루 종일 오갔다.

봄이 되고 내가 아기를 낳자마자, 아니 진통이 시작되면서부터 엄마는 업무 개시였다. 양수가 흐르고 5일이 지나도 아이가 나오지 않자 엄마가 산부인과로 필요한 물건들을 갖다 주었다. 남편이 허술하게 챙긴 나의 기호품, 옷가지, 김치, 반찬 같은 것들. 옮겨야 할 짐이 한가득이던 퇴원일에도 와서, 얼굴이 빨간 갓난아이와 산모인 나를 집에 데려다주었다.

밤낮 우는 생후 2일 신생아 앞에서 육아 초보인 우리 부부는 말 그대로 '멘붕'이었다. 신생아기 한 달간 나의 하루 평균 수면 시간은 세 시간. 잠 없는 아기였고 젖이 부족했는지 끊임없이 울어대 10분이 멀다 하고 젖을 물렸다.

저소득층을 위한 정부보조 산후도우미 서비스가 구세주였다. 도우미는 3주간 평일 오전 아홉 시부터 오후 여섯 시까지 왔다. 우리 부부의 아침 점심 저녁 식사와 빨래, 청

/
조
슬
기

214

소를 해줬다.

주말에는 엄마의 활약이 빛났다. 도우미가 가고 나서 아기 백일까지 엄마가 매일 두세 시간씩 와주셨다. 그래도 쉽진 않았다. 엄마가 숟가락까지 놓아 차려둔 점심밥을, 저녁에서야 먹는 일도 허다했다. 아이 하나를 어른 셋이 감당하기 어려웠다.

우리 부부 밥을 먹이면 엄마는 그날의 큰 임무 하나를 일단락한 것이다. 국물이 흘러넘친 가스레인지를 박박 닦고, 시간 나면 무릎 꿇고 거실 바닥도 물티슈로 슬슬 닦았다. 재활용 통도 정리했다. 바닥은 그냥 놔두라는 말에 괜찮다 괜찮다 하던 엄마가 결국 말했다.

"너희 집 오면 이상하게 한 거 없이 힘들어."

"설거지 좀 해봐. 일이 너무 많아."

"집에 가면 힘들어 죽겠어."

내가 아기 낳고 설거지를 한 적은 거의 없다. 할 시간이 없었다. 가끔 남편이 하긴 했지만 엄마가 느끼기에는 정말 가끔이었을 것이다.

우리집에 올 때 빈손으로 와도 되련만, 아니면 우리 신용카드를 사용해도 되련만, 늘 당신 지갑을 열어 그날 만들 요리의 재료를 사오셨다. 보건소에서 골다공증 검사를 받은 작고 마른 몸의 엄마가 많은 짐을 이고 지고 다녔다. 반찬이

든 유리 밀폐 용기와 보냉제, 엄마 집에 있는 15킬로그램 세탁기에 돌려주는 이불 빨래, 삶은 행주…. 빨간 장바구니 카트는 트레이드마크가 됐다.

"엄마, 계단 내려갈 때는 산이 씨 보고 들어달라고 해. 무겁잖아."

"됐어, 안 무거워. 무거우면 얘기하잖아. 이건 진짜 안 무거워."

연신 괜찮다 하면서 카트를 들고 마당 돌계단을 한 칸 한 칸 조심스레 내려갔다. 재활용품과 쓰레기가 든 커다란 봉지도 갖고 내려가 대문 앞에 버렸다. 그럴 때면 제 방에 앉아 핸드폰만 들여다보는 사위가 얄밉기도 했을 것이다. 그래도 엄마는 먼저 사위에게 무언가를 시키지 않았다.

엄마는 사위를 손님이라고 생각한다. 내가 남편에게 상을 펴라, 상 좀 닦아줘라 하면 손사래를 친다. 무슨 얼토당토않은 말이냐는 듯 엄마가 이미 상을 펴고 행주질을 하고 있다.

작년 겨울 김장할 때는 내가 우겨서 남편과 같이 배추 몇 포기 양념 묻히는 걸 도와드렸다. 그때 엄마 표정은 밝았다. 즐거워하고 고마워했다. 혼자 일하는 것보다 누군가 같이 있고 도와주는 게 엄마도 덜 힘들 것이다. 사람 마음이 그렇다.

엄마 없으면 안 돼요

"그걸 왜 친정 엄마 시켜요?"

"착취 아니에요?"

"돈 드려야 하는 거 아니에요?"

"전일제면 한 달 최소 이삼백인데."

페미니즘 글쓰기 모임 시간, 사람들이 아우성을 쳤다.

"가해자가 된 입장을 한번 정리해보세요."

내가 가해자라고? 엄마에게 민폐를 끼치고 있는 건 인정하지만 그 낱말에 목구멍이 컹 했다. "이제 엄마 오시지 말라고 해요"라는 말에는 내 입에서 쏜살같이 한마디가 튀어 나갔다.

"엄마 없으면 안 돼요!"

그랬다. 내 말이 부끄러웠지만, 생각해보면 내가 기억하는 어린 시절부터 우리집은 엄마 없이 일이 안 돌아갔다.

내가 초등학교 2학년 때 엄마는 동네 미싱사에 취직했다. 그전에는 동네 아줌마들과 같이 인형 눈 붙이기도 했다. 작은 회사에 다니는 아빠의 벌이로는 생활비를 감당하기 어려웠을 것이다.

집에 쪽가위, 대가위, 실패가 생긴 날이 기억난다.

"엄마 이게 뭐야?"

"응, 엄마 학원 다녀."

엄마는 직업 훈련을 받은 후 소개받은 미싱사에서 아침 아홉 시부터 저녁 여덟 시까지 일했다. 끝나고 부리나케 달려오면 우리 가족 저녁밥을 차려줄 수 있었다.

어릴 때는 점심을 안 먹고 학교에서 일찍 오는 날도 많았다. 그런 날에는 엄마가 점심시간에 집에 와서 밥을 차려주고 다시 일을 하러 갔다. 냉장고에서 반찬 꺼내 먹으라는 집도 많은데, 엄마는 우리들이 대학생 되기 전까지 그렇게 일했다. 어릴 때는 어리다고, 중고생일 때는 공부해야 한다고, 그래서.

엄마가 미싱 일로 벌어오는 월급 백만 원은 모두 생활비와 자식 교육비로 나갔다. 오빠는 등록금이 싼 국립대를 택했고 장학금도 받았지만, 나에게는 대학 4년 등록금을 뒷바라지해줘야 했다. 자식에게 부담이 되면 안 된다는 생각은 했지만 적극적인 노후 준비는 못 했다. 두둑한 저축 통장 같은 건 없었다.

엄마는 큰 재산도, 빚도 만들지 않고 빠듯하게 살림을 꾸렸다. 남는 것 하나 없이 자기 시간과 번 돈을 자식들을 위해, 가족들을 위해 썼다. 그렇게 집안 모든 사람들을 건사했다. 할머니, 아빠, 오빠, 나, 가끔은 작은집 식구들과 고모

둘까지. 명절에 전과 떡을 넉넉히 해서 친정에 들른 고모들에게 한 봉투씩 안겨주고, 잔칫상 같은 12인분 밥상을 거의 혼자 차려냈다.

혼란스러웠다. 처음에는 페미니즘 모임 사람들 말처럼 '엄마가 너무 희생하고 있다, 이건 맞지 않다'며 남편에게 화를 냈다. 싸움이 늘자 남편은 말했다.

"내가 오시라고 한 거냐고! 이제 오시지 말라고 해!"

"엄마 안 오면 집에, 냉장고에 뭐가 있는데? 자기가 먹을 거 안 만들어놓잖아. 그럼 나는 굶어야 돼!"

그렇게 산후 백일이 지나는 동안 남편은 전보다 설거지를 자주 했고, 나도 조금씩 집안일에 손을 보탰다. 아기가 이백 일, 삼백 일이 되면서 엄마의 방문은 점점 뜸해졌다. 첫째 손녀가 방학이었고 또 결막염이었다. 방문 횟수는 줄었지만, 가끔 엄마가 와서 부엌에서 달그락 소리가 나면 뭔가 잘못한 기분이 들었다.

반대로 억울한 마음도 커졌다. 아기를 안으며 손목, 손가락 관절이 아프고, 족저근막염인 발까지 성한 데 하나 없고, 육아로 삶이 파탄난 내가 지상 최대의 피해자 같은데 가해자라니. 나중에는 이렇게 외치고 싶었다.

"친정 엄마 도움받는 게 그렇게 잘못이에요?"

너도 네 엄마 같은 엄마가 되겠지

엄마에 대한 글을 페이스북에 올렸다. 첫 댓글이 달렸다.

너도 네 엄마 같은 엄마가 되겠지ㅎㅎ

뭐라고? 내가 바랐던 반응은 이게 아닌데. 페이스북 친구인 시아버지도 이 글에 하트(최고예요)를 눌렀다. 이게 아닌데. 그다음 댓글은 "육아 1순위는 엄마, 그다음은 친정 엄마, 그다음은 시어머니, 그다음은 어린이집 여교사. 세상이 여자들 돌봄 없이 돌아갈까 싶네요"였다.

가끔 남편과 우리의 미래에 대해 얘기한다. 아이가 서너 살이 되면 자기 빨래 개기, 자기 식기 닦기 등 할 만한 집안일을 시킬 거라고. 중고생 때는 스스로 용돈을 벌고, 스무 살이 돼 대학에 가고 싶으면 자기 힘으로 가게 할 거라고. 아예 외국처럼 독립해서 나가 살게 하는 것도 좋겠다고. "너도 똑같아. 나중에 엄마처럼 다 하겠지"라는 말을 들으면 "미쳤어? 나는 엄마처럼 안 해!"라고 대답했다. 엄마의 삶과 내 삶이 철저히 분리돼 있던 머릿속에 천천히 균열이 일었다.

언젠가 엄마가 말했다. "지각하지 마. 지각하면 괜히

마음이 켕기고 하루 종일 떳떳하지가 않잖아"라고. 그저 잔소리라 여겼는데 나중에야 이런 생각이 들었다. 그건 미싱사에 지각했을 때 당신 마음이 아니었을까? 아빠 출근시키고, 오빠와 나 아침 차려 주고, 학교 보내고, 아홉 시까지 미싱사에 도착하지 못한 날에 든 마음이 아니었을까? 하지만 그 마음을 딸인 나는 알지 못했다.

"슬기야, 엄마 많이 도와드려. 엄마 힘들어."

초등학생 때 앞집 아줌마가 했던 말을 기억한다. 엄마의 삶을 모르던 시절 누군가 내게 건넨 목소리. 혼내는 게 아닌 따뜻한 말투였지만 안타까움이 가득했다. 동갑 남자아이를 키우던 아줌마도 우리 엄마도 모두 힘들었다. 내가 페미니즘 모임에서 다른 엄마들과 이야기 나누며 서로의 고된 삶에 절절히 공감하듯, 그 시절 엄마들도 그랬을 것이다. '여자의 적은 여자'가 아니다. 여자의 삶을 돕는 건 여자들밖에 없는 이상한 나라. 친정 엄마, 시어머니, 어린이집 여교사, 동네 아줌마의 세계에 드디어 나도 발을 디딘 것이다.

손가락을 뒤로 돌려 나를 가리키다

엄마가 돌보던 조카는 이제 퍼즐도 맞추고 책도 읽으며 혼자 잘 논다. 하지만 엄마의 근무 시간은 예전보다 더 늘어났다. 온종일 아이 옆을 지키고 있어야 했던 여름방학 한 달은 정말로 힘들어 보였다. 전에는 잘 안 보이던 것, 내가 아이를 낳고 기르며 겨우 보게 된 것이다. 새로운 질문들이 시작되었다. 친정 엄마의 희생은 정당한가? 엄마의 노동과 헌신은 이대로 괜찮은가? 엄마는 피해자일까? 엄마는 어떤 사람일까? 나는 어떤 딸일까?

처음에는 남편 때문에 엄마가 우리집에서 힘들게 일한다고 생각했다. 20년간 자기 엄마의 밥, 빨래, 청소 서비스를 받아온 남편이었다. 그런 그가 우리 엄마가 차려주는 밥상에 숟가락도 안 놓고 행주질도 안 한다고, 그 쉬운 것조차 안 한다고 분통을 터뜨렸다. 남편은 집에 있는 시간이 많았기에, 내가 육아 때문에 할 수 없는 가사의 대부분을 책임져야 한다고 생각했다. 그게 친정 엄마의 희생을 막고 남편과 내가 평등해지는 방법이라 여겼다. 그런데 페미니즘 모임 사람들은 그런 나의 생각을 일면 인정하면서도 새로운 질문들을 던졌다.

"남편과 소통이 잘 안 되는 것 아니에요?"

"남편에게 아이를 더 맡기세요."

"슬기 선생님이 변해야 돼요."

"왜 가부장제만 문제라 하고, 그 안에서 살아온 자기는 문제없을 거라 생각해요?"

스물여섯 출판사에 다닐 때도, 서른넷 결혼을 몇 달 앞두고 여성단체에서 일할 때도, 나는 엄마가 싸준 도시락으로 동료들과 옹기종기 모여 앉아 점심을 먹었다. 그때 나는 고마워했던가. 도시락을 싸는 게 내 일이라 생각하고 노력이라도 해봤던가. 그때의 나는, 우리 엄마의 수고와 고마움도 모르고 밥을 받아먹는 지금 내 남편과 다르지 않았다.

남편을 가리키던 손가락을 뒤로 돌려 나를 가리켜야 했다. 다들 힘들어했지만 어쨌든 제 몫의 역할은 하고 있었다. 불공평한 이 게임에서 한몫들을 하고 있었다. 엄마는 오지 말라는 날에도 우리집에 와서 집안일을 척척 해냈다. 나는 그런 엄마의 서비스가 익숙한 딸로 살아가면서도, 내 아기만은 어쩔 수 없이 내 몫으로 품었다. 남편은 아직 주위 여자들의 삶을 볼 줄은 몰랐지만, 페미니즘 책을 읽고 우리집 이유식을 담당했다. 이곳에는 완벽한 피해자도, 완벽한 가해자도 없었다.

어느 저녁 일찍 아기를 재우고 남편과 나, 친구 세 사람이 모였다. 아이 낳고 몇 달간 남편에게 자주 화내고 소리쳤던 얘기를 나눴다.

"아니, 옆에서 내가 어떻게 살고 있는지 보면서도 그렇게 모를 수가 있어? 정말 눈물 나. 그런데 내가 어떻게 남편을 조금 이해하게 됐는지 알아? 내가 그랬더라고. 엄마랑 삼십 몇 년 같이 살면서 엄마 힘든 걸 몰랐더라고."

눈물이 나진 않았지만 눈물이 날 것 같았다. 남편은 침묵으로 자리를 지켰다.

나의 엄마, 55년생 오한옥 씨

"엄마 고생시키지 말고 빨리 이사 와."

이 말이 틀렸음을 이제는 안다. 우리 부부가 이사 왔고 엄마의 고생길은 두 배로 열렸다. 그의 수고를 진심으로 염려했다면 다른 선택을 했을 것이다. 오늘도 부득불 설거지를 하고 가겠다는 엄마, 화장실 바닥을 닦아주겠다는 엄마, 우리집 고무장갑을 '내 고무장갑'이라고 부르는 엄마를 피해 멀리 도망쳐야 했던 게 아닐까. 무거운 마음이 나를 짓눌렀지만, 하루하루 육아 전쟁을 치러야 했기에 거기 골몰할 수 없었다.

나의 엄마 55년생 오한옥 씨는 언제쯤 자기 삶을 즐길 수 있을까? 10년 후? 엄마 가치관이 변할 때? 나와 남편, 아빠와 오빠가 제 할 일을 할 때? 답은 간단치 않다. 엄마의 삶이 바뀌려면 단지 그녀와 내가 노력하는 것만으로는 안

될 것이다.

오늘은 이 사회에 대한 말은 잠시 접어두고 아주 작은 조각만을 내어놓는다. 인간에 대한 존중을 잃고 상대방 삶을 보지 못했던 내가, 오랫동안 엄마와 아내로만 살아온 오한옥 씨를 바라본다. 관계를 반성하고 새로 시작해보려 한다. 정량적인 노동의 평등을 꾀하기 이전에 그의 삶을 들여다보는 것이 필요하다. 각자의 일을 하느라 사귈 시간이 부족했던 엄마와 나는 천천히, 자꾸 만나보려고 한다.

"이따 너희 집에 갈게. 먹을 거 없지?"

오랜만에 엄마가 오셨다. 빨간 장바구니 카트를 밀고 오리털 파카를 껴입은 오한옥 씨가 왔다.

"봄이야, 할머니 몸이 지금 차. 이따가 이리 와."

남편은 일을 나갔고, 나는 글 쓴다고 밤을 샜다.

"엄마, 봄이 좀 봐줘. 나 좀 잘게."

밤새 친정 엄마의 돌봄노동에 대한 글을 써놓고 또다시 엄마에게 아이를 맡기는 아이러니한 상황이 찔리지 않는 건 아니지만, 오늘은 이상하게 마음이 편안하다.

11

아내 페미니스트, 엄마 페미니스트가 되었습니다

은주

쉴 새 없이 자라는 아이와 꿈을 꾸는 남편,
부끄럼 많은 고양이 두 마리와 살고 있는
프리랜서 문화기획자.

정말 단 한 번도 '결혼한 여자'의 페미니즘을
생각해본 적 없다. 나는 너무나 당연히
비혼주의자였고, 가부장제도 안에 들어가지
않을 거라 확신했다. 임신이나 출산이 내게
일어나리라고는 생각조차 하지 않았다.

나의 이야기는 미안함에서 시작된다

결혼한 여자들이 모여서 '기혼여성의 페미니즘'을 이야기하고 글을 쓰기로 했다. 각자에게 주어진 원고 분량은 A4 일곱 장. 처음엔 이 정도는 쉽게 쓸 수 있을 거라 생각했다. 그런데 내 예상은 보기 좋게 빗나갔다. 다른 사람들이 글을 여러 번 수정할 동안, 나는 미완성 원고를 겨우 한 번 공유할 수 있었다. 그렇다고 게으름을 부리며 논 것도 아니었다. 프리랜서인 내게는 단기 일감들이 끊임없이 이어지고 있었다. 남편은 내가 과로사할까 봐 진심으로 걱정했고, 아이는 주말을 제외하고는 거의 매일 '때마침' 정년퇴임한 친정 엄마의 돌봄을 받아야 했다. 살림은 손 놓은 지 이미 오래라

냉장고에서는 오래된 콩나물이 정체불명의 생명체로 변신하는 중이었고, 일을 마친 남편이 생존을 위한 빨래와 청소, 요리 정도를 할 뿐이었다. 그럼에도 아이와 고양이, 집안 곳곳에는 여전히 나의 손길이 필요했다.

하지만 다른 사람들도 일, 육아, 가사노동으로 나만큼이나 바쁜 와중에 글을 써내고 있었다. 나의 문제는 내 안에 '결혼한 여자의 페미니즘'에 대해 하고 싶은 말이 홍수처럼 흘러넘치는데도 나만의 시간을 가지고 나의 언어로 이야기를 풀어낼 수 없다는 것이었다. 막상 시간이 생겨도 그걸 풀어낼 '언어'를 찾는 데만 한참이 걸렸다. 어쩔 수 없이 틈이 날 때마다 머릿속으로 글을 쓰고 길을 걸으면서 입으로 글감을 중얼거렸다. 부지런히 글을 써서 올리는 다른 사람들에게 미안했다. 내 글을 기다리는 편집자와 주변 엄마들에게 미안했고, 글을 쓸 수 있게, 내가 '페미니스트'로 존재할 수 있게 도와주는 남편과 아이, 친정 가족들에게 미안했다. 이렇듯 나의 페미니즘 이야기는 '미안함'에서 시작된다.

모든 게 미안한 나

나는 비정규직 프리랜서 워킹맘이다. 처음으로 일 때문에

은
주

230

밤을 새우고 난 다음 날, 극심한 유방 통증과 39도의 고열에 시달렸다. 육아를 하면서 세 시간 이상 자지 못해 면역력이 저하된 상태에서, 스트레스와 밤샘을 몸이 이기지 못해 유선염이 왔다. 문제는 유선염이 아니라 그 뒤에 따라온 '한포진'이었다. 생전 들어보지도 못한 병이었는데 출산을 경험한 많은 여성들이 한포진에 시달리고 있었다. 유방에서는 진물이 줄줄 흘렀고, 손가락마다 생긴 습진이 간지러워서 잠을 잘 수 없었다. 모유수유는커녕 손을 물에 담글 수가 없어 수술 장갑을 끼고 아이 목욕을 시킬 지경이었다. 숭숭 빠지는 머리카락과 틈만 나면 쏟아지는 코피와 잊을 만하면 돋아나는 다래끼를 보면서, 임신과 출산 전의 몸으로 돌아갈 수 없다는 사실이 절망스러웠다. 나에게, 내 몸에게 너무 미안했다.

하지만 미안함도 잠시, 엄마는 아프면 안 됐다. 특히나 '일하는 엄마'는 아프면 안 된다. 모유수유를 하지 못하고, 아이를 많이 안아주지 못하고, 집에서 가슴을 드러내고 있는 것 따위는 고충도 아니었다. 아이의 욕구를 충분히 채워주지 못하는 건 어디까지나 아이와 나의 문제였다. 하지만 일은 달랐다. 내 상황이 어떻든 함께 일하는 동료들, 의뢰인들과의 약속은 지켜야 했다. 아이가 잠들고 나면 흐느적거리며 일어나 컴퓨터 앞에 앉아 어떻게든 일을 했다. 제때 해서 보내지 않으면 다음 일이 들어오지 않을까 봐 걱정되어 멈출 수가 없었다. 몸이 긴장하니 오히려 아픈 일이 점점 줄어들었다. "나는 아이가 집 떠나면 그날부터 아플 것 같아. 긴장 풀려서"라는 농담이 절로 나왔다.

재택근무를 시작한 초반에는 '엄마 모드'에서 '일 모드'로 바뀌는 데 한참이 걸렸다. 일머리가 돌아오지 않아서 익숙했던 일들도 버벅거리는 데 자괴감이 들었다. 게다가 "애 엄마는 이래서 안 돼"라는 말을 들을까 봐 오히려 결혼 전보다 더 열심히 일했다. 남편이 아이를 돌보는 오전 동안, 그리고 밤에 아이가 자는 동안 일을 해야 했기에 짧은 시간에 많은 일을 할 수 있도록 업무 효율성을 높이는 방법을 고민했다. 결혼 전에는 쓰지도 않던 프로그램 단축키들이 저절로 익혀졌다. 그래도 결혼 전처럼 모든 시간을 일에 투자할 수는 없었다. 남편과 공동으로 하고 있지만 어쨌든 내겐 돌봐야 할 아이가 있었고, 집안일이 있었고, 딸이나 며느리로서 챙겨야 할 가족의 일이 있었다. 일을 제때 마무리하지 못해 동료들에게 미안해지는 상황이 생기곤 했다. 한 번은 엄마와 함께 자고 싶다며 자꾸 보채는 아이 옆에 누워서 불안함과 미안함에 눈을 부릅뜨고 버티다가 엄마가 일해야 한다고, 제발 자달라고 울면서 중얼거린 적도 있다.

이렇게 몸 바쳐 일하는데도 급여가 제때 입금되지 않

기도 했다. 구두로 일을 요청하는 게 관행이었고, 계약서를 쓰는 경우는 거의 없었다. 정확히 얼마를 받는지, 언제 입금되는지 확인하면 꽤씸하다고 여길 것 같아서 묻지도 못했다. 돈이 들어오지 않아 인터넷과 전화가 끊기고, 정말 말 그대로 쌀이 떨어지는 일도 왕왕 생겼다.

일을 다 마치지 못한 채 아이를 재우다 잠들어버린 다음 날이면 몸은 개운했지만 마음은 죄책감으로 무거웠다. 허겁지겁 남편에게 아이의 아침밥을, 친정 부모님에게 아이 돌봄을 부탁하고 노트북을 챙겨 일을 하러 나가면, 동료들에 대한 미안함, 밥, 청소, 설거지까지 하고 일하러 나가는 남편에 대한 미안함, 딸 일하라고 예정에 없던 일정에도 부리나케 와준 친정 부모님에 대한 미안함, 엄마랑 같이 있는 게 너무 좋은데 왜 자꾸 일하러 가는지 알 수 없다며 훌쩍이는 아이에 대한 미안함, 이 모두에게 미안해하는 나에 대한 미안함까지, 헤어날 수 없는 미안함의 홍수에 빠져 종일을 허덕이곤 했다.

가장이 되지 못해 미안한 남편

남편은 '배우'를 꿈꾸는 배우다. 연극을 했고 독립 영화에도 종종 출연했지만, 상업 영화에는 눈을 부릅뜨고 지켜보다가 엇! 하면 지나갈 정도로 아주 가끔 등장하는 초단역 배우다. 배우로서 수입이 거의 없기에 사업을 같이 했는데, 결혼 후 임신과 출산을 지나는 동안 쫄딱 망해버렸다. 그냥 망한 게 아니라 우리를 산더미 같은 빚 꼭대기에 앉히고 망해버렸다. 나이는 많은데 특별한 기술은 없고 배우의 꿈도 놓을 수 없던 남편은 저녁 여섯 시부터 새벽까지 시간제 일용직으로 일하기 시작했다.

이때부터 본격적으로 남편과 나의 '공양공살공경(공동 양육, 공동 살림, 공동 경제활동)'이 기능하기 시작했다. 내가 아침 일찍 일어나 일하러 동네 카페에 가면, 남편은 아이와 아침을 먹고 청소를 한 뒤 집 근처 산이나 숲으로 놀러 나갔다. 세 시쯤 내가 일을 정리하고 집에 돌아오면 그제야 남편이 일하러 나갔다. 아이와 시간을 보내고 저녁을 먹고 집안일이나 내 업무를 하고 있으면 새벽에 남편이 일을 마치고 돌아왔다. 그러고는 한두 시간, 하루 중 처음으로 얼굴을 맞대고 아이와 있었던 일, 일하면서 있었던 일 등을 이야기 나누곤 했다.

남편과 나는 공동으로 일도 하고 육아도 하는 상황이 꽤 만족스러웠다. 아이 역시 엄마, 아빠 모두와 규칙적인 생활을 해서인지 금방 적응했다. 하지만 이 만족감은 늘 돈 앞에서 무너졌다. 남편과 나는 4대 보험에 가입할 수 없는 프리랜서와 일용직 노동자였고, 우리는 언제나 사회복지제도에서 열외였다. 고액의 지역가입자 보험료를 줄이기 위해 얼마나 가난한지를 증빙해야 했다.

"어떻게 그렇게 해요?"

사람들은 우리가 공동으로 육아와 살림, 경제활동을 한다고 하면 이렇게 물었다. 하지만 이 질문은 나와 남편에게 다른 뉘앙스로 전해졌다. 나에게는 "어떻게 아이와 떨어져서 일을 할 수 있어요?" "남편에게 아이를 맡겨도 괜찮아요?" "집안일은 제대로 되고 있어요?" "남편을 집에 있게 하면 기죽어서 안 돼요" 이렇게 들렸다. "왜 네가 할 일을 하지 않아?"라고 말하는 것 같았다. 반면 남편에게 이 질문은 "어떻게 아내를 위해서 그렇게 희생할 수 있어요?" "집안일을 하다니 대단해요" "너무 가정적이고 멋진 아빠예요" 이렇게 전해졌다. 한편으로는 "능력이 없어서 여자가 일하는 거 아냐"라는 쑥덕거림처럼 들리기도 했다.

남편은 사람들의 시선과 자신의 마음 사이에서 혼란스러워했다. 어쩌다 SNS에 육아와 관련된 고충을 올리면 아기 엄마들이 몰려와 댓글을 달면서 '우리 남편이 봐야 한다, 최고 아빠다, 멋지다' 등등 칭찬을 쏟아냈지만, 그 스스로는 자신의 능력이 부족해서 집에서 아이를 돌보고 살림을 하는 게 아닌가 하는 생각에 우울하고 무기력해졌다.

나는 단 한순간도 남편이 꿈을 버리고 생계를 위해 뛰어들었으면 하고 바란 적이 없었다. 남자이기에 가정을 책임져야 한다고 생각하지 않았고, 오히려 그가 좀 더 적극적으로 자기 꿈을 향해 매진하길 바랐다. 다행히도 남편은 꿈을 이루기 위해 아직 노력하고 있다. 하지만 내가 밤을 새워일할 때마다 과로사할까 봐 걱정하며, 자신이 여유 있게 돈을 벌어오지 못한다고 자책한다. 지인의 아이들이 여행을 다녀왔다는 얘기를 들으면 매번 비용 때문에 취소한 제주도 여행을 떠올리며 미안해한다. "당신 옷 한 벌, 신발 한 켤레도 마음대로 사지 못하는 거 볼 때마다 많이 미안해"라며 스치는 말에서 사회에서 요구하는 '가장'의 무게에 짓눌린 남편이 느껴진다.

어느 날 남편이 집에 있는 페미니즘 책을 읽더니 우울한 표정으로 내게 자신이 '경력단절남성'이라고 말했다. 아이와 함께 오디션을 보러 갈 수도, 감독들과 미팅을 할 수도 없는 상황 속에서 극심한 무력감을 느낀다고 했다. 나 역시 프리랜서로 일하면서도 '경력단절여성'이라는 사회의 규정을 벗어날 수 없어 괴로웠기에, 우리는 '경력단절자'가 아니라 육아를 통해 '경력을 보강하는 사람들'이라고 서로를 위로했다. 비록 경력 보강을 알아주는 사람은 없었지만, 남편은 배우 프로필 특기란에 '육아'라고 적어 넣었다.

다시 만난 페미니즘

나와 남편은 정체를 알 수 없는 이런 미안함을 계속 가지고 살고 싶지 않았다. 아니, 살 수 없었다. 왜 우리는 늘 최선을 다하면서도 늘 미안한 걸까. 답을 찾고 싶었다. 그래서 또래 엄마들과의 육아 공부 모임을 찾아갔다. 날이 덥든 춥든 비가 오든 눈이 오든, 아이를 유아차에 태우고 아기띠로 동여매고 나갔다. 우리는 아이를 업거나 안고서 그림을 그리고 책을 읽으며 '더 좋은 엄마'가 아니라 '더 나은 나'가 되기 위해 공부했다.

거리낌 없이 말하고 행동하던 어린 시절 이후 정말 오랜만에 '나'를 바로 보기 위한 연습을 하게 되었다. 매일 육아와 일을 하는 와중에도 내 감정을 살피기 위해 노력하면서, 우리 사회에서 여성이 자신의 감정을 말할 기회가 얼마나 적은지, 그 언어가 얼마나 빈약한지를 알게 되었다. 내가 당당히 소리 내어 말해온 감정과 욕구들이 이미 가부장 사회에 길든 것이고, 그간 차별받거나 성추행당한 경험이 없는 이유는 내가 잘나서가 아니라 단지 그러한 환경을 차단하고 피해왔기 때문이라는 사실을 깨닫고서는 며칠 동안 잠을 이루지 못했다. 내가 '괜찮다'고 생각했던 것들이 실은 '괜찮지 않다'는 사실을 깨닫게 된 날은 몇 시간을 펑펑 울어야 했다.

결혼과 출산 이후 일상과 삶이 자유롭지 않았기에 나의 진짜 욕구를 찾기는 쉽지 않았다. 남편과 함께 가사노동을 하며, 남편 가족 행사나 명절에 며느리로서 일을 하며, 계속 변하고 성장하는 아이를 바라보며 내가 무엇을 바라는지 생각했다. 감정과 욕구를 알게 될수록 나를 이야기하는 게 두렵지 않았다. 아내로서, 며느리로서, 엄마로서 할수 있는 것과 할 수 없는 것, 하고 싶은 것과 부당한 것에 대해 이야기하기 시작했다.

내가 경험하는 차별과 남편이 겪는 사회적 편견이 보였다. 남편과 함께 바꿔나가야 할 것들에 대해 이야기했다. 당시 SNS는 '메갈리아' 논쟁으로 뜨거웠는데, 아기를 안고 거실을 서성이며 SNS에 올라오는 글들을 빠짐없이 읽었다. 젊고 똑똑한 사람들이 참 많았다. 그들이 열심히 써내는 페미니즘 글들은 읽는 것만으로도 나를 부끄럽게 만들었다.

그리고 '강남역 살인 사건'이 일어났다. 출산 이후 강남역은커녕 해가 지고 나면 집 밖에 나가지도 않으면서 나는 충격에 휩싸였다. 그게 누구든 단지 '여성'이라는 이유로 피해자가 될 수 있다는 사실이 공포스러웠다. 피해자가 나일 수도 있었다. 맘충과 노키즈존, 폭력과 폭언, 도처에 넘쳐나는 혐오들, 그리고 미투$^{Me Too}$ 운동이 이어졌다. 여성들은 점점 더 말을 하고 글을 썼다. 어둠 속에서 스마트폰의 네모난 창을 통해 그들의 글을 읽고 울고 공감했다. 페미니즘 논쟁의 흐름을 따라가기 버거웠지만, 그만큼 더 많이 고민하고 생각했다. 나에게 페미니즘이란 무엇인지, 왜 생각하기를 멈출 수 없으며 또 멈추면 안 되는지, 내가 할 수 있는 것과 해야만 하는 것은 무엇인지. 그렇게 페미니즘을 다시 만났다.

결혼한 여자의 페미니즘

부끄럽게도 나는 대학에서 여성 운동을 하면서 한 번도, 정말 단 한 번도 '결혼한 여자'의 페미니즘을 생각해본 적이 없다. 나는 너무나 당연히 비혼주의자였고, 가부장제도 안에 들어가지 않을 거라 확신했다. 임신이나 출산이 내게 일어나리라고는 생각조차 하지 않았다. 심지어 임신 중에도 내가 아들을 낳을 거라 생각하지 않아서, 임신 16주가 지나 의사가 아이 성별을 '아들'이라고 알려주었을 때 잘못 보신 것 같다고, 다시 확인해달라고, 그럴 리가 없다고 말했다.

나의 페미니즘은 얼마나 폭이 좁았던가. 당연히 페미니즘에는 비혼여성뿐만 아니라 기혼여성의 이야기도 담겨 있을 텐데, 나도 모르게 누군가를 배제했던 것은 아닌가. 페미니즘을 다시 만나면서 스스로에 대한 반성부터 시작했다. 나의 고정관념들, 이따금 나 스스로도 흠칫하게 되는 내 안의 가부장성을 마주 보았다.

지금 고민하는 것들에 '결혼한 여자의 페미니즘'이라는 이름을 붙이고 나니 보이는 게 조금 더 명확해졌다. 정체성을 확인하기 위해 나를 지칭하는 모든 표현을 찾아보았다. 나는 결혼해서 출산하고 양육하며 일하는 여성이었다. 남편에게는 아내, 남편의 원가족에게는 장손 며느리, 나의 원가족에게는 맏딸이었다. 정체성을 확인하고 나니 페미니즘을 통해 고민해야 할 것들을 찾을 수 있었다. 엄마로, 아내로, 며느리로, 일하는 여성으로 사는 삶, 이 모든 것이 페미니즘과 연관되어 있었다.

임신하고 출산하는 과정에서 '여성'은 병원과 자본, 국가 권력 시스템 속에 그저 기계 부품처럼 존재한다는 사실을 깨달았다. 우리 사회에서 임산부, 양육자, 그리고 아이는 아주 좋은 돈벌이 대상이었다. 임신 중 방문했던 베이비페어들은 항상 성황이었다. 아이의 성장 단계에 따라 꼭 사

야 하는 것처럼 제공되는 정보들을 파악하고 판단하는 데
는 굉장한 시간과 노력이 들었고, 나름의 확고한 철학이 없
으면 더욱 어려운 일이었다. 아이가 집 밖에서 마주하는 사
회는 더욱 혼란스러웠다. 아이를 대상으로 하는 각종 먹거
리, 장난감, 책과 문화 콘텐츠들은 질이나 수준을 검증할 사
이도 없이 팔리고 퍼져나갔다. 단지 파란 옷과 분홍 옷, 화
장하는 엄마 상어와 힘이 센 아빠 상어의 문제만이 아니었
다. 먹거리나 생필품(생리대, 기저귀 등)은 환경 호르몬 등 유
해 물질과 관련된 생태 문제이기도 했다.

이런 생각들을 실천으로 옮기는 것은 쉽지 않았다. 더
나은 무언가를 선택할 때마다 많은 시간과 비용을 들여야
했고 주변 사람들을 계속 설득해야 했다. 불편하고 불합리
한 것에 문제를 세기하고 소리 높여 말하면 모두에게 불편
한 사람, 유난을 떠는 사람이 되었다. 그러다가 아주 작은
실수라도 하면 금세 '맘충' 딱지가 붙었다. 아이를 낳기 전
에는 "잘 알지도 못하면서" "경험해보지도 않았으면서"라
는 핀잔을 들었다면, 아이를 낳고 난 후에는 "애 하나 키우
면서 유세는" "빨래는 세탁기가 하는데 뭐가 힘들다고" "자
기 애나 잘 키우지"라는 말을 들어야 했다.

그뿐만이 아니다. 일부 페미니스트들에게 기혼 유자녀
여성인 나는 '가부장제의 부역자'였고, 내 아들은 '한남 유

충'이었다. 종일 육아와 가사노동을 하는 남편은 '라테파파'라는 달콤한 칭송과 '한남'이라는 혐오 사이를 오가야 했다. 끊임없이 분류당하고 원하지 않는 이름이 붙여졌다. 우리뿐만 아니라 모두가 모두를 혐오하고 무시했다. 참고 견디기 어려웠다. 나, 남편, 아이 모두 벗어나야 했다.

나와 남편은 이런 상황 속에서 조금이나마 덜 미안하기 위해, 덜 힘들기 위해 수많은 대화와 고민을 했다. 그러한 선택이 쌓이고 보니 그게 다 페미니즘이었다. 둘 중 누구도 '페미니스트'라고 선언하거나 굳이 인식하지 않았지만, 혐오와 차별을 알아차리고 이야기하는 순간부터, 누군가의 엄마나 아빠가 아닌 개인적인 욕구와 존중받을 가치가 있는 존재라는 사실을 인식하는 순간부터, 우리는 조금씩 자유로워질 수 있었다. 그게 바로 '페미니즘'이었다.

좀 더 나은 우리, 좀 더 자유로운 세상을 위해

애 키우고, 밥 차리고, 집안일 하는 '아내'가 페미니즘이라니. 숭배와 혐오 사이를 수시로 오가는 '엄마'가 페미니즘이라니. 아이의 엄마, 남편의 아내, 제3의 성性인 아줌마로만 존재하는 '결혼한 여자'가 페미니즘이라니.

하지만 정말 그럴까? 이미 우리에겐 저항하고 바꾸기 위해 모습을 드러내고 목소리를 높인 경험이 있다. 2008년 광우병 사태, 2016년 촛불집회 때만 해도 유아차를 밀고 광장으로 나온 여성들이 있었다. 다만 '유모차 부대'라는 말이 주체적인 여성을 가리고 엄마의 정체성만을 강조한 표현이었다면, '결혼한 여자의 페미니즘'은 우리가 스스로 우리의 이름을 부르겠다는 당당한 선언처럼 느껴진다. 든든하고 힘이 된다.

결혼 후 나의 삶을 휩쓸고 지나간 '미안함'들을 떠올린다. 생계를 위해 일하면서 동료, 남편, 아이 그리고 나 자신에게 미안했다. 처음 이 '미안함'을 인지했을 때에는 무방비였다. 하지만 페미니즘을 다시 만나고 '결혼하고 애 낳은 페미니스트'로서 스스로를 정체화한 후 나는 조금 더 강해졌다. 아이에게, 가족에게, 그리고 주변 사람들에게 미안해하지만 않고 무언가를 바꾸겠다고, 소리 높여 말하고 부지런히 쓰겠다고 다짐했다.

다행이고 또 고마운 건, 침묵하지 않고 소리 내기 시작한 청소년들의 '걸 페미니즘'이 있고, 당당한 주체로 살기 위해 고민하는 '비혼여성들의 페미니즘'이 있고, 단 한 번도 스스로를 페미니스트라고 생각한 적은 없지만 자기 삶의 주인이 되기 위해 노력하는 여성들이 있다는 사실이다. 아들을 불러 설거지를 시키며 "우리부터 바뀌어야지"라고 말하는 남편의 작은어머니가 있고, 비혼인 동생에게 "그냥 네 삶을 살아도 돼"라고 이야기하는 우리 엄마가 있다. "네 와이프 페미니스트냐?"라는 질문에 "응, 페미니스트야"라고 웃으며 답하는 나의 남편이 있고, "나중에 아들이 결혼해서 애 낳으면 봐줄 거예요?"라는 질문에 "아들이 이성애자일지 아닐지, 결혼할지 안 할지, 애를 낳을지 안 낳을지 저는 모르죠"라고 여유 있게 답하는 내가 있다. 그리고 육아와 가사노동, 일을 병행하면서도 고군분투하며 글을 쓰는 우리들이 있다.

결국 '결혼한 여자의 페미니즘'이 우리를 좀 더 나은 사람으로, 이 세상을 좀 더 자유로운 곳으로 바꿀 것이라 믿는다. 그래서 나는 오늘도 모두에게 페미니즘을, 페미니스트가 되기를 권한다.

／
은
주

244

이 책을 후원해주신 분들

/ 신미란 / 신민정 / 신예린 / 신원영 / 신재철 / 신혜주 / 싱두 / 안예은 / 안정숙 /
안채은 / 안쿵쿵 / 안태경 / 안혜성 / 양민주 / 양선아 / 양예빈 / 양윤정 / 양은서 /
양종훈 /어유진 / 엄승권 / 여지윤 / 여혜숙 / 연두-송지혜 / 옛 / 오명선 / 오보배
/ 오유진 / 오주희 / 오창석 / 옥지혜 / 옥진 / 용마마 / 용혜민 / 우영숙 / 우제원
/ 위소진 / 위커넥트 / 유가연 / 유강 / 유경 / 유명옥 / 유병진 / 유주은 / 유지수
/ 유지은 / 유한빈 / 유혜림 / 유희진 / 윤경 / 윤나연 / 윤민아 / 윤성원 / 윤성진
/ 윤소윤 / 윤수 / 윤승미 / 윤은주 / 윤이형 / 윤지영 / 윤혜진 / 윤희정 / 율아
/ 의화딸 태규딸 채은 / 이강욱 / 이규진 / 이나래 / 이남희 / 이다지 / 이마영
/ 이미진 / 이민정(나침반자리) / 이민정(이민정) / 이보라 / 이보람 / 이보배 /
이상윤 / 이선미 / 이선희 / 이세향 / 이수민 / 이수아 / 이수정 / 이수지 / 이슬 /
이슬기 / 이승아 / 이승연 / 이시원 / 이아람 / 이예송 / 이예지 / 이옥선 / 이용석
/ 이원태 / 이유안 / 이유진 / 이윤미 / 이은미 / 이은주(버드엄마) / 이은주 /
이은호 / 이의영 / 이임주 / 이정원 / 이정은 / 이종순 / 이종찬 / 이주영(dongmin)
/ 이주영(둥근새싹) / 이준혁 / 이지민 / 이지영 / 이지유 / 이지은(매일활짝) /
이지은(무지개하늘 그리고 별) / 이진옥 / 이충원 / 이파람 / 이필경 / 이현영 /
이현정 / 이혜민 / 이혜연 / 이화용 / 이효정 / 익명 / 인간고춘자 / 임경지 / 임민진
/ 임서혜 / 임수영 / 임원후 / 임정관 / 임정민 / 임정호 / 임정훈(단비) / 임준택 /
임차우경 / 임혜정 / 잠꾸러기낭군님 / 장보은의 남자 / 장서령 / 장선미 / 장소영 /
장솔 / 장예진 / 장재영 / 재벌씀씀이 / 전다원 / 전새미 / 전예현 / 전태욱 / 전혜진
/ 전희경 / 절친부부 / 정경직 / 정나일선 / 정다운(innerglow) / 정다운(정다운) /
정민경 / 정서영 / 정영옥 / 정예지 / 정유쥐 / 정은우 / 정재영 / 정지연 / 정태림
/ 제나원주 / 조내황 / 조미연 / 조미영 / 조민정 / 조성연(젠더퀴어) / 조성전 /
조성지 / 조성해 / 조소연 / 조수영 / 조수옥 / 조진영 / 조호은 / 주보미 / 주채은 /
쥬디안 / 쥬스 / 지명희 / 지민지우맘 / 진냥 / 진선아 / 진수현 / 진주 / 짓우 /
쭈야(김은미) / 쭈토피아 / 차예미 / 차윤경 / 채서연-정수인 / 철딱선희 / 최경희
/ 최묘경 / 최세민 / 최수지 / 최연지 / 최윤정(essen) / 최윤정(지구별) / 최은진
/ 최정우 / 최종은 / 최지혜 / 최호경 / 추혜림 / 큰보임새 / 탁영주 / 태희,준희
엄마 배영민 / 트윙트윙 / 팔팔한_수경 / 페미꼬 / 표현 / 하고운 / 하람용 / 하늘 /
하민지 / 하정연 / 한민정 / 한서원 / 한성은 / 한소이 / 한지현 / 함영주 / 함윤서
/ 함진옥 / 해리 / 행복한 어른 / 허별 / 허영록 / 허이진 / 허지선 / 헴씨 / 현군 /
현영광 / 혜인장 / 혜정 / 호소 / 홍미진(열매) / 홍밀밀 / 홍성은 / 홍성진 / 홍세진
/ 홍승은 / 홍영서 / 홍우다 / 홍혜은 / 황미소 / 황미영 / 황선영 / 황수연 / 황인영
/ 황인택 / 황지영 / 황혜영

고맙습니다

페미니스트도
결혼하나요?

1판 1쇄 인쇄 2019년 2월 28일
1판 2쇄 발행 2019년 7월 15일

지은이. 부너미
펴낸이. 현병호
편집. 하늘, 장희숙, 김경림
디자인. 임시사무소
펴낸곳. 도서출판 민들레
출판등록. 1998년 8월 28일 제10-1632호
주소. 서울시 성북구 동소문로 47-15
전화. 02) 322-1603
메일. mindle98@empas.com
홈페이지. www.mindle.org
페이스북. facebook.com/mindle9898

ISBN 978-89-88613-78-8 (03330)

이 도서의 국립중앙도서관 출판예정도서목록(CIP)은 서지정보유통지원시스템 홈페이지
(www.nl.go.kr/kolisnet)에서 이용하실 수 있습니다. (CIP제어번호: CIP2019005441)